不消費的一年

戰勝衝動購物，
存款、人生大翻身的
小資女重生記

Cait Flanders 凱特・弗蘭德斯——著　楊璧謙——譯

各界推薦

我們許多的消費都是為了成就更好的自己，像是：買了這套保養品，我的皮膚可以更細緻；買了新手機，可以提升我的工作效率，但到頭來，我們究竟想成為什麼樣子？我們買的這些東西究竟是為了什麼？

這本書不只給我帶來許多啟發，甚至也想來個「有消費限制的不消費」，因為透過適當的購物限制可以讓我們挖掘真正的購買動機；透過清理家中物品可以讓我們更清楚自己的喜好。原來，消費從來不和快樂成正比。

——**Elaine理白小姐**

先理財，再投資。至於理財須先「理心」，這是一本帶領大家梳理內心的書。作者自傳式的敘述大膽表露限制消費實驗這一年的心路歷程，然而改變習慣的過程並非一蹴可幾，透過閱讀彷彿自己也隨之經歷與成長一番。

如果你有過度消費的困擾，長期陷於購買與懊悔的惡性循環之中，不妨走進凱特的世界，或許能在字裡行間找到似曾相識的自己以及想要改變的動力，進而為往後的日子按下重啟鍵。

——**小車×存股實驗**／《給存股新手的財富翻滾筆記》作者

你總覺得賣命工作仍賺得不夠多、存款少得可憐嗎？還是常抱怨沒時間做自己想要做的事？也許你該挑戰一下——給自己一年時間，不買新的東西——嘿，等等！先別急著否定這個主意，快來看看作者如何透過「不消費實驗」克服往昔的貪婪與墮落，並在逐漸認清自己真正的需要後，快樂地拿回人生主導權！

——**尚潔**／《我家沒垃圾》譯者、簡單生活實踐家

在二〇一九年看了這一本書，讓身為購物狂的我毅然決然地開啟不消費一年的挑戰。其實在閱讀本書之前，我也看過數本斷捨離書籍，雖然覺得很有道

理，但要一個購物狂把好不容易累積的戰利品們「斷捨離」真的沒那麼容易！反而是這本作者記錄她的不消費一年，可能因為感同身受，讓我決定展開了行動。這一年的挑戰，讓我從原本購物深淵中暫時地抽離出來，去審視自己過往無意識的消費，原來過去的我藉由購物來抒解壓力，但那般購物成果，帶來的卻是被更多物品囤積佔據生活空間與購物後的空虛感。

還沒辦法斷捨離？沒關係，你可以先從不消費開始！重新審視自己與消費行為的關係，或許你會有更不一樣的體悟唷！

——**阿轉**／極簡YouTuber．不消費一年挑戰完成者

克制一年不消費，人生會發生什麼事？第一眼看到這個生活提案，腦中只膚淺地浮現一句：「好困難喔！」「但一定可以省很多錢吧？」

但如果只把事情想得這麼簡單，那就可惜了。「不消費計畫」只是個照妖鏡，透過作者驚人的內在覺察能力，刨出自己生命中浪費、成癮、逃避等種種匱乏之課題。而那些課題，在你我身上隱隱約約地，都有著模糊的影子。

看完這本書後，現在想要買東西，我都會悄悄地問自己一句：「這是買給誰的？是買給現在真正需要的自己，還是我想成為的那個人？」

——**柚子甜**／作家、心靈工作者

和作者同為曾是購物狂的我，有類似的轉變經歷：

1. 藉由斷捨離物品，好好面對內心的黑洞，找回真實的自己。
2. 為了對抗滿溢的購物慾，斷絕一切誘惑來源！
3. 立志整理完物品前，絕不買消耗品以外的物品。如果要買，斷捨離三件才能買一件！
4. 最後，把斷捨離計畫昭告天下，全民監督！

購物狂的你，跟著這本書和我們一起展開不消費的一年吧！你會發現這一年，會是一生中最奇幻、也是獲得最多的一年！

——**整理鍊金術師小印**／《財富自由的整理鍊金術》作者

讀完本書後，讀者將有機會發現，原來「消費」與「購物」是一面如此清晰的鏡子。在每次消費行為發生時，都有機會映照出我們內心某部分的狀態。若你願意往內看，我們將更有機會釐清自己與消費之間的關係。本書作者勇敢「不消費」feat.「往內看」的實驗報告，在這個過度消費的年代，非常值得借鏡。

——**蘇益賢**／臨床心理師

CONTENTS

前言

一切始於一個念頭，如同過去許多想法，起源成形都是有跡可循。在我二十九歲生日前，我和一群朋友說好要到惠斯勒度週末。一行人在加里波第省立公園祈卡穆斯湖健行，隨著天上雲朵飛捲飄移，清澈的綠松色湖面映影也不斷波動，明暗交錯起伏，我們換話題的速度也同樣飛快，從工作和興趣，一路聊到友誼和感情生活。

比方說溫蒂，她有個交往多時的男友，最近剛搬進男方家同居，麗茲最近也有類似打算。這兩人便聊起同居之後的規劃：她們都出身加拿大卑詩省的維多利亞市，和我是同鄉，想趁房價飛上天際前早日回鄉置產，兩人也都想先有後婚。至於我，當時已經在一家新創財經資訊網站任職主編兩年，便順勢分享一些個人觀點，此外就幫不上忙了。身邊朋友一一邁入人生新階段，成家立業，我卻仍在原地踏步，應付自身的問題。

「你呢，凱特？之後要做什麼？」麗茲問我，這問題再單純不過，就是老朋友之間的關心。我和她讀八年級時就認識了，只同校過一年，但那一年意義非凡。我們住同一條街的兩頭，常常混在一起，不是我在她家，就是她來我家。過去這些年，我一直以為，她會希望聽到凱特終於要安家立業了。然而，正因為瞭解我，麗茲可能預期聽到我說要搬家，比如搬回多倫多工作，或到其他陌生的城市，因為我向來如此漂泊不定。

結果，我談的卻是別的，一個已醞釀一週的想法。

「我在想，我可以做一個實驗，一段時間都不買東西。」我說：「比如，大概六個月或一整年都不買東西。」

對於我這種突發奇想，朋友早已見怪不怪。在此之前的三年裡，我做過若干人生重大決定，比如決心還清債務，從此不再赤字，又決定好好照顧健康，也戒了酒。所有的改變，我都公開記錄到個人部落格上。聽了我的話，朋友紛紛大呼「酷！」和「很有意思啊！」追問我一連串問題。既已發出豪語，我的點子也就活了過來，計畫逐漸成形。大家開始討論如何進行實驗，例如我該允許自己買哪些東西，或不買哪些東西。

當下答案還未完全成形，因為每次的實驗，我都不是準備萬全才開始進行。我從沒想過，竟能在兩年內還清三萬美元的債務，一年內減重十三公斤，也沒料到會在那之後的十二個月裡，只用收入的51％就能過日子，存下另外31％，再用剩下的18％出門旅遊。我也沒想到會在部落格記下這麼多事情，還能把沒分享過的小故事或心得，收錄到這本書裡。那時，只知道我不滿意自己的財務狀況，只想著要開始節儉度日，存下更多錢。讓我們話說從頭好了，我這輩子的故事都是這樣開始的。

＊＊＊

九歲時，爸媽帶我到銀行開了一個兒童儲蓄帳戶。我得到一本小簿子，可以記錄帳戶的存款和利息。那本簿子頁數不超過十頁，只用兩根釘書針裝訂，但上面印著我的名字，便讓我視若珍寶。能在簿子上記下金額數字，讓我覺得像個大人，可以負起除了收拾玩具以外的責任！我把簿子收進書桌抽屜，夾在學校用的記事本裡，和作業、日記放在一起。印象中，這是爸媽第一次跟我談儲蓄的觀念，不過新鮮感來得快去得快，簿子也弄丟了，我便忘了財務管理這回事。

到了青少年時代，我常常一放學回家，就看到床上堆滿剪報，多半是有關利率、退休儲蓄計畫、房地產市場動態，還有經濟預測的文章，一篇篇平攤著好讓我看見。這是我爸的習慣。每天早上，他會坐在廚房，喝掉一大壺橙黃白毫茶，然後看起報紙，從頭版開始，一字不漏地讀。如果我正好坐在一旁，他會直接把文章放到我面前叫我看，如果我不在場，他就把文章剪下來，拿去放在我床上。「你看那篇了嗎？」放學後，我前腳才進門，他便開口。「等一下再看啦。」我總是一臉不情願。

等一下就是等很久，我爸知道我很愛拖拖拉拉。他會趁吃晚飯的時候考我當天剪報的內容，因為他經常借題發揮，最後往往變成長篇大論。通常，這時他也會發現我心不在焉：「這件事很重要，凱特琳！」不叫小名而叫全名，表示他很看重這件事。平常除非事態嚴重或我闖禍了，否則沒人會叫我凱特琳。儘管如此，我還是望向牆上艾蜜莉・卡爾（譯註：加拿大十九世紀末到二十世紀初知名的女畫家）的畫作，盯著畫裡的樹木看，嘴裡重複幾句爸爸剛才講過的話。我總會用同樣的話起頭：「我知道啦。」天下父母聽到這句話，無不翻白眼，現在想想，我那時真是自以為聰明，往後才會過得這麼「輕鬆自在」。

當年雖覺得那些話題很無聊，如今卻明白自己何其有幸，能生長在會和孩子談金錢的家庭。其實，在我家什麼都能聊，如果你有個跑船的爸爸，親子話題可就百無禁忌——從偷偷摸摸躲在廁所的舉動，聊到異性相處，建議孩子和異性同處臥室裡該避免的行為，雖然建議內容有時稍嫌粗野，卻真誠無比。我們的家庭話題可謂葷素不忌，什麼細節都能拿出來講——至少，爸媽相信彼此之間無話不說。

的確，有些事我對家人開誠布公，卻仍私藏很多秘密。在青少年時期，我會幫忙照顧弟妹，換取零用錢，爸媽一直以為我把那些錢都存下來了，其實大多拿去喝酒嗑藥，花得幾乎一毛不剩。大學畢業前，我一直住在家裡，爸媽還傳授了一堆管理財務的基本原則，但兩老有所不知，自從有第一張信用卡開始，女兒就身陷債務。我爸在我十歲時戒酒，他也知道我會和朋友出去喝兩杯，但我從沒告訴他我會自己去買醉，而且幾乎每次都喝到掛。我家人也以為我飲食正常，還經常爬山健身，其實我開車時常常只吃巧克力果腹，或者獨自在家時就叫個披薩來吃，一餐就解決了。

我不只欺騙家人，也對自己不誠實，不願正視這樣的生活如何影響身心健康。信用卡債越多，能睡覺的時間就越少；酒喝多了，對自己的感覺反而更糟。我吃得多也胖得快，體重反映了膨脹的負面觀感，或者說，失去的信心好像都變成體重，長到身上了。我假裝這些事不會發生，但隨著時間過去，反而一件件全部實現。

我忽視信用卡帳單好一段時間，直到某年五月，終於認真看了這些數字一眼，這才發現已欠下高達三萬美元的消費債務！更糟的是，支票帳戶裡只剩一百美元，加上另一張信用卡帳戶額度僅剩的一百美元，我得用這些錢撐過六星期，才能領到下一筆薪水。那也是我一生中最胖的時期，體重達九十四公斤，對身高一百七十公分的身材而言，已經算是個胖子了。原本我打算搬到其他地方工作，卻因貪杯而在八週內喝光所有積蓄，二十五歲的我只好搬回爸媽家，先住進地下室應急。

沉重的債務壓得我喘不過氣，每夜都哭溼了枕頭，感覺自己的財務前景黯淡無光。我知道爸媽一定很失望，也很怕自己一直讓他們失望下去，還怕不能給弟妹做好榜樣。

可是，哭的原因也和其他即將改變的事情有關。那段日子之前，我一直想戒酒，每次都維持不了幾週。我的情況起起落落，次數多得自己都記不清，是人生前所未有的低潮——原來我無法將人生中的一切掌握得宜。我只看清少部分的事實，並不足以阻止自己落入這般境地，但我已經掉到谷底，不想再體會墜落更深的滋味。以前我一直告訴自己，總會有「改變人生的一天」到來，經過如此低潮，總算是熬到那一天了。

之後，我在兩年內還清所有債務，健康管理重上軌道，前後搬到多倫多和溫哥華生活，又在經歷幾次失敗之後，終於戒酒成功。所有的改變，我都如實記錄在部落格上，每次寫完新的文章就引來更多讀者。我不想裝模作樣地說「想要改變還不難」，也不想騙人，說我乖乖遵照所有專業建議。適合的做法就沿用下去，如此而已。也多虧有身邊的人幫忙，這點我真的感激不盡。

經過那兩年，我建立起一套生活步調，讓自己能過得更快樂又健康。我下過苦功，也證明自己能應付任何決心要挑戰的事物。結果，我卻重拾了一些舊習慣。

我沒破酒戒，但又開始花錢，把一點一滴存起來的錢慢慢消耗掉。一開始看來無傷大雅，這裡花五塊，那裡付十塊；有時原本打算買一兩樣東西，卻抱著五樣東西離開店裡。花費迅速積沙成塔，我開始更常找理由出去吃早午餐，也隨興買下一本本新書，甚至因為更常回爸媽家，週末也就更常和朋友出遊！沒錯，這些事讓我樂在其中。經過先前捉襟見肘過的兩年日子，現在終於能夠隨心所欲找點樂子，真是讓人愉快得不得了，但我也始終無法達成存款目標，無法給讀者一個交代，心裡總有點不快。

在還債時期，我習慣月初列出預算分享到部落格上，月底再寫出當月實際收支。在那兩年裡，有些時候債務會吃掉55％的月收入，說起來手段有一點點激烈，但我的確盡可能讓負債降到一毛不剩。等到還清的那一天終於到來時，我覺得好自由，整個世界向我開啟更多新的可能。這大概是有生以來，我首度設下真正的存款目標，比方說存下20％收入預備退休後使用。

計畫是可行的，只不過實踐起來比想像中困難。第一年，理論上我會「比較」輕鬆，所以繼續每月公開收支，有時還意外順利，能宣布當月存下了10％的收入。

我原本也沒想到要設定消費限制，至少不是一夜之間就下決定。想法有如種子，長成需要時間，當時我每次更新部落格，都在設法解釋為什麼又存不了錢，於是捫心自問後，我告訴自己可以做得更好，只是每每要改變，總是不知從何著手。直到有一次，全家大小圍在桌邊，一如往常唇槍舌劍談論金錢話題，我才恍然大悟。

那時全家都在唸我妹艾莉，因為她把幾百塊血汗錢花在我們覺得她不需要的地方。她反唇相譏：「我已經把收入20％存起來了，剩下的我愛怎麼花就怎麼花。」我妹才二十歲，半工半讀上大學，卻比我早認清事實——**應該先存錢，剩下的才可以花掉**。不過身為長姊，我覺得有必要問得更深入：「可是你住家裡啊！你的生活費真的有必要佔掉80％的收入，不能花少一點嗎？」

語畢，我就發現自己說這話有多虛偽。就在此時，改變的巨輪開始轉動起來了。

這場家庭對話之後一星期，我預定到惠斯勒登山，於是在臨行前的七天裡，好好看過我的財務數字，並自問一些嚴肅的問題，比如：我現在最多只能存下10％的收入，剩下的錢是用到哪裡去了？我幹嘛一直找理由花錢？生活開銷真的需要花掉90％的收入嗎？不能用少一點的錢過日子嗎？那一年每到了月底，我就問自己這些問題，卻還是沒有答案。我只知道，不論物質、事業和人生，我都樣樣不缺了，卻總覺得哪裡還不夠。永遠沒有滿足的一天，永遠還想再要某個東西。**可是既然追求再多也無法滿足，不如反過來，別再擁有更多。**

所以從惠斯勒回來之後，我又坐到桌前，開始擬定新的計畫。我定下購物限制，規則很簡單：未來一年內，我不可以添購新衣、不能買鞋、不買首飾、書籍、雜誌、電子產品，或任何家居飾品。我只能買消耗品，譬如生活雜貨、衛浴用品，還有給車子加油。列在「可購買項目」的東西就能買，大都是一些可以確定不久就會用上的東西。我也允許自己換掉已經完全不堪用或破損的舊物，但條件是舊的已經丟了，才能買新的。雖有限制，我仍允許自己偶爾上館子吃飯，但是外帶咖啡就不行，因為這是我的致命弱點。一想到每個月至少花一百美元買飲料，便讓我渾身不自在。

除了決定不再添購新物，我也決定丟掉不用的舊東西。隨便望向公寓任何一角，都可以看到很多不需要、也不是我特別想留下的物品。從今以後，我只想好好使用已經有的東西。我想看到每樣東西都是有用的，如果覺得沒用，那乾脆丟掉。

我在部落格上寫了文章，介紹我的計畫，就在按下「發布」前，我又加上一句：「我做了明智的決定，藉此擺脫債務，不再為懶惰找藉口，也戒了酒。可是，我還沒有成為一個理智的消費者。」我不想再衝動購物，不想花了錢才發現自己陷入行銷策略或特價的圈套。我也不想再說服自己買根本用不到的東西。

「除非有必要，否則不買」，我希望做到這個地步，也希望最後可以看清楚錢的去向，並能根據目標和價值觀設定實際的預算。我也誠心希望可以減少花費，增加存款。不過，如果我每次都不慎重考慮就隨便花錢，這些目標永遠也不可能達成。

隔天，我便決定啟動計畫——在二十九歲生日當天，也是人生第三十年的起頭，開始實踐。在那之後，我還會在部落格寫下許多文章，分享這一年中我所得到的收穫，內容都和金錢花費有關。故事就從這裡開始，我的許多其他故事也是如此展開。那一年裡，我也曾多次遲疑有些事是否應該分享？那些大多是影響我原本的生活，逼我獨自面對現實的事，或者讓我接連幾週臥床不起，甚至信念動搖。**在這一年，我追求「減少擁有」的生活，理應不難實踐，實際上卻發現，所有我愛的，我依賴的，一一離我而去，而我被推著向前，從無到有開始嶄新人生。**

那一切的失去，我並沒有如數記錄到部落格上。雖然我相信讀者會支持我，每每下筆卻總情緒潰堤，無法成句，只好刪去所有草稿。那時我說不出口，但現在，我要寫進這本書，和書前的你們一起重新回憶。

以下的章節，就讓我逐一介紹那不消費的一年中，我所經歷的大小事。我也會同時交代前因後果，告訴你們過去曾發生的故事。唯有如此，才能讓你們看清故事全貌，真正理解這一年的不消費經驗為何重要。對我來說，那就是個挑戰：這段經歷先是顛覆，然後挽回了我的人生。

年度消費限制規則

可購買項目：

- 生活雜貨與廚房基本用品
- 化妝品與衛浴用品（用完才能買）
- 清潔用品
- 禮品
- 可購買清單允許項目

不得購買項目：

- 外帶咖啡
- 衣物、鞋子、首飾
- 書籍、雜誌、筆記本
- 居家用品（蠟燭、傢飾、家具等等）
- 電子產品

可購買清單：

- 參加喜宴可穿的服裝，限買一套（洋裝一件、鞋一雙），重複使用
- 運動衫（我只有一件，而且已經穿破好幾個洞）
- 運動鞋（已經穿到只剩一雙）
- 靴子（秋冬兩季還沒有能穿的鞋子）
- 床（已用 13 年，亟需換新）
- 其他非換不可的東西，也可購買，但必須丟掉或捐出原來的那一個

※ 部落格記錄內容必須確實可信。

7月

記錄所有

已戒酒

18個月

本月存款佔收入

20%

本月完成信心

100%

（可是，我還是沒方向感）

我向來有潔癖。從小爸媽就不必催我整理房間，因為所有東西都井井有條，箱櫃瓶罐全部排得整齊。衣櫃裡也井然有序：無袖背心、短袖襯衫、長袖襯衫依序吊掛，接著才是褲子、裙子和洋裝，分門別類。連架上的書都按照開數、厚度和書背顏色，各得其所。

小學時，我也把教室裡的座位打理得一絲不苟。抽屜右半邊是一疊檔案夾，依照彩虹光譜安排，由上到下依序是紅、橙、黃、綠、藍、紫，最下層是粉紅色。左半邊的物品也工整堆疊，數學課本上擺著字典，字典上才是鉛筆盒。塑膠鉛筆盒裡，角落塞橡皮擦，對角放修正液，中間的墨水筆和鉛筆一字排開。彩色鉛筆也不例外，按照顏色一一收在盒子裡。

每次老師限時幾分鐘要全班收拾桌面，我都老神在在，旁觀同學苦著臉收東西。他們會清出一堆皺掉的紙條、三明治的塑膠包裝，還有不知誰從圖書館借來的書，全都暫時掃到地板上。全班同學邊整理邊抱怨，然後發現每從抽屜拉出一樣東西，就得再找地方放。這種時候，我都暗自希望有人找我幫忙，如果有人開口了，我通常一臉熱情，二話不說馬上伸出援手。

這樣保持整潔的好習慣，在我的任何個人空間都可一目瞭然。不論是用過的置物櫃、開過的車、住過的房子、打包過的箱子，甚至是皮夾和皮包，都是整潔清爽，全年無休。有機會的話，你可以看看我的東西，一定整理得很好——除非，我不再去整理。

＊＊＊

二〇一四年春天起，我開始掉東西。我先是掉了唯一的綠色無袖上衣，本來一向收在三層櫃第二層抽屜的右邊。有天早上，我打開抽屜卻找不到那件衣服！我仔細找過，不在那疊無袖上衣和T恤裡，翻遍另外兩個抽屜也找不著，綠色無袖上衣就是不見了——不在衣櫃或洗衣籃裡，洗衣機和烘乾機裡也不見蹤影，八成被愛吃襪子的神秘怪獸撿去吃了吧？

之後，我就開始找不到需要的東西。明明記得把牙膏和其他盥洗用品一起收在浴室洗手台下面了，要用的時候卻怎麼也找不到。我還有一套不是很喜歡的粉色泳裝，留著只是因為本來黑的那套快穿壞了，後來也不知去向。還有開罐器，我有一個專門收納廚房器具的抽屜，裡面有一把開罐器……等等，東西怎麼不見了？

記得我說過，要挑出真正需要的東西吧？到頭來，我只看到一堆不用的東西。我本來有五件黑色無袖上衣，因為減重有成，已經不合身了。我一度有一堆化妝水和沐浴乳，每次都是沒用完又買新的，積了不少瓶瓶罐罐，而住在滿地寶市期間，因為當地氣候溫和，炎夏寒冬穿的衣服也幾乎用不上。所有這些東西，都是我當年刷卡買的（也因此累積成高額卡債），可是買來之後卻閒置一旁，有些甚至連標籤都沒拆掉呢！

負債和髒亂有個共通點：一旦開始堆積，就會堆成山一樣高，擋住你的去路。我一度故意忽視欠債數字，有好幾個月一收到帳單，只敢稍微打開信封，看一下到期款項的最低應付金額。然而這樣是逃避不了多久的，終於有一天，我發現負債數字已經快衝破信用額度，只差一百美元就刷爆了。我讓自己陷得太深，接下來別無選擇，只能從深淵往上爬。

至於物品堆積的問題，倒是沒發展得這麼高潮迭起。一走進我的公寓，一切仍有條有理，毛巾摺得工整，衣服該掛哪就掛哪，鞋子也是成雙成對。架上的書還是很整齊，只不過變成以主題歸類：小說、回憶錄、商業、個人理財等，每一類再依照書的體積安排，有時也照顏色來擺。要說有什麼問題嘛，也是老問題了，就是大部分都很多餘。每次看見這些東西，都在提醒我這個事實。

第一次發現東西太多的那一年，我整整搬家五次。每搬一次，我就得把紙箱拖出櫃子，搬上卡車，再推進新家——幾番來回，我都還沒機會拆開紙箱，看看箱子裡都裝了些什麼。你問我為什麼這麼常搬家？理由各有不同：有一次我因為車禍受傷，住在一樓的房子休養，某天發現有人闖空門，嚇得我不敢再住。另一次，我搬去和一個老朋友同住，才住了五天，他就宣布要搬到另一個城市去，我只好也準備走人。反正，那一年很不順就是了。

最後，我終於搬來滿地寶市，住進現在這戶公寓，總算是安頓下來了。以前我只來過滿地寶兩次，卻早已為之傾倒。這裡離溫哥華市中心有段距離，有小鎮的悠閒，而且地處海灣，大海就在眼前。我的書桌擺在落地窗前面，往外看便是樹景和山丘。朋友來訪之後，常說我根本住在《暮光之城》的電影場景裡——那部片的確是在卑詩省境內拍攝，有幾幕還是在本市取景，所以這樣說也沒錯啦。

前面提過，我當過財經雜誌編輯。由於平常在家工作，所以擁有這公寓、這景觀，還有這樣的人生，都彷彿美夢成真。也正因為長時間待在家裡，讓我看清楚身邊竟然堆了這麼多不用的東西。儘管收拾得井井有條，東西還是太多了，只能放著積灰塵。

＊＊＊

那麼，就來說說為什麼決定舉行清理大典吧。我也希望這故事聽起來很好玩、很有意義或者精彩刺激，但是很遺憾：不可能。事實是，我只是反覆想著「我應該丟一些東西」，想了好多好多次，然後就下定決心。我之前也灌輸自己很多類似的想法，比如：「我應該剪掉信用卡」、「不能再吃垃圾食物了」或「少喝幾杯啦」，最後總是用「改天再說」當成不做的藉口。

幸好，這個「改天」總是會到來，例如：我把卡刷爆的那天、發現自己再胖幾公斤就可以逛大尺碼專區的那天，以及我又醉到失去記憶的那天。以我當時生活糜爛的狀況，如果想繼續這麼過下去也有的是法子，比如打電話請信用卡公司提高一下額度，就能繼續大吃大喝，什麼身心健康都暫時別管。可是有一天，我突然覺得夠了！**我一直編故事給自己聽，美化紙醉金迷的生活，可是時候到了，這些故事終於講不下去了。**

我終於受不了屋裡成堆的雜物，要找東西還得先翻過一大堆根本不用的東西，才找到一件我要的。

說起來，跨出第一步的關鍵，大概是那個找不到的開罐器。當時我正在做沙拉，想加一些黑豆，所以需要打開豆子罐頭，只是……開罐器不見了。我找遍每個抽屜和碗櫥，翻過水槽下面和洗碗機，連回收桶都看過了，就是沒有。我沒有亂放，也沒有不小心丟掉，可是東西不知怎地人間蒸發了。

時值七月酷暑，大溫哥華地區宛若烤箱。天氣又熱又溼，我住在一棟水泥大樓的二十二樓，沒有空調，每天都快熱壞了。夏日炎炎，我只想趕快吃飯，可惜天不從人願，我吃不到該死的黑豆沙拉，只好硬啃這堆沒加料的生菜，唯一的「安慰」是抽屜裡有二十一把叉子任我挑選。

我因此幡然醒悟，決定要整理那個放廚具的抽屜，還有家裡其他不用的東西。就像之前開始還債、改善飲食、多運動和戒酒，這次也是心動不如馬上行動，一下決定我就一頭栽入。

我清空了衣櫥、碗櫥和抽屜，地板上堆的東西也清得乾乾淨淨。幾個月後，《怦然心動的人生整理魔法》在北美一炮而紅，雖然我來不及參考這本書，但做法想必大同小異。我站在屋子裡，環顧四周，眼前所見都是多餘的東西……可是這些都是我買來的，怎麼會變成這樣？好吧，東西多到這個地步，只能丟了，動手吧！

＊＊＊

我決定先整理房間，特別是衣櫥。感覺上不難，因為我身邊的女性大多很愛置裝打扮，但我是例外，衣服首飾都是少少幾件，應該很快就能整理好。

我以前上學都穿「制服」。我不是唸私立學校，所以不是真的穿校服，只是有固定的穿搭風格，每一年會稍作改變。國中時我還穿得很中性，通常套一件籃球裝，加一條運動褲就了事。上了高中，我覺得應該「女生」一點，就大穿粉紅色，結果跟我的膚色犯沖。後來我又改走衝浪風，脖子上會戴一串小貝殼項鍊，還跑去刺青，從此肩膀上就有一片藍色海浪和「小島少女」法文字樣。十九歲的浪漫嘛！衝浪風一路延續到大學畢業，出社會之後，我上班都穿深色毛衣配黑長褲，披上黑色軍裝大衣，足蹬黑色平底鞋，整整穿了五年一身黑。

儘管造型前後多次改變，有件事始終如一：我最愛穿的其實只有三套衣服，不是牛仔褲就是卡其褲，搭配寬鬆上衣或毛衣。另外，我有兩套上健身房穿的T恤和七分褲，向來一三五、二四六地輪流換穿，沒有其他變化了。總的來看，不算襪子和內衣褲，我真正穿到的衣服不超過二十件，我也很清楚自己的打扮一成不變，但非得要到認真清理衣櫃和抽屜時，才驚見不要的衣服竟然可以堆成一座小山。

不穿的衣服裡面，有一些是背心，只能搭配特定的幾件毛衣；毛衣則有一堆尺寸都不合或是剪裁不對。櫃子裡還有一些穿不下的洋裝，就算已經減掉十幾公斤還是太小，我留著只是為了懷念很久很久以前，曾經苗條的身材；有些衣服是備用的「棉花糖女孩」裝，以免我又復胖……至於看到特價就手滑的東西，更是數也數不完。還有黑衣時期買的衣物，記得每次穿那身大衣都流得一身汗，所以離職之後，我就再也沒穿過那一身黑了。所有這些衣服、鞋子、外套、洋裝……都是我的東西，可是因為幾乎不穿，現在竟然一件也不認得。

所以我大部分都丟了，爽快動手，不拖延不惋惜，該丟就丟。如果最近幾個月都沒穿過，這件衣服就該扔了。尺寸不對？抱歉，你走吧。穿起來太緊的衣服不該留，因為再怎麼減肥也不可能塞得下，留著反而打擊自信。我得學著欣賞自己的體態，要是真有一天，我又甩掉更多體重，到時一定會再買新洋裝，好讓自己享受新衣服剪裁貼身、展露線條的感覺，但現在這些衣服就是穿不下，一件也別留了吧。還有，我大概不會再回去當上班族，所以正式套裝也可以扔。

整理下來，總共裝滿四大袋的衣服、外套、鞋子、皮包、圍巾，我全部都捐出去，還丟掉幾件太破爛的。從今天開始，衣櫃裡只掛幾件衣服，抽屜只裝半滿，清清爽爽，就這麼幾件已經夠我穿了。

大肆整理之後，我決定開始記錄自己擺脫多少過剩物資。我已經養成習慣整理債務清償狀況、健身紀錄、減重成果和戒酒有成的時間，現在我要再多記一項。我一開始純粹是好奇自己可以丟掉多少東西，久了就記成習慣。第一次列表，我發現整整丟掉了55%的衣物，而且知道以後還會丟掉更多，我告訴自己：「我想看看後續發展。」便持續記錄下去。

清完臥室，下一個目標是工作室，也是我的起居室，甚至吃飯、做菜都在這個空間。這公寓是開放式設計，意思是你隨便走到哪，大小物品都一目瞭然。我清空了所有碗櫥、架子和抽屜，鋪木地板上堆滿清出的東西，這裡沒有吃飯專用的桌椅，我是單身獨居的公寓住戶，吃喝都在沙發上解決。大掃除後，我又重新找回落地窗外的美景，只不過身旁也多了一堆垃圾山。

對付這一堆可比衣服難多了。比如說，書架上不只是一堆裝訂印刷品，還有各種小玩意，是親朋好友送的禮物，跟我自己買來的擺飾。我曾經訂下各種計畫，需要架上的相機、相簿或紙筆墨水來完成，然而最終都棄置一旁。

書的來歷也是各有千秋。我媽注重胎教，會唸書給肚子裡的我聽，培養閱讀興趣。她老愛說，我不到四歲就識字，這點我倒相信，因為我不到五歲就會把僅有的幾本童書整理好，安排得像個小圖書館，好借給附近的小朋友看。那些書還編了號，從一到十，方便記錄借還情形，免得有哪本書跟錯了主人。

我一向愛書，但偏偏有個壞習慣，就是根本不管自己能讀多少，見一本買一本。有一次，本來我只打算在網路上訂某本書，但為了湊免運費就多帶一本，花了整整二十五美元。說起來，一開始那本正是一時衝動才想買，通常我都是上網逛到，或是聽朋友推薦覺得東西不錯，就立刻殺到購物頁面把商品放進購物車，往往又碰巧看到其他東西也不錯，便順便一起買。這一切都是為了湊免運費和免手續費。這個習慣大概維持了將近十年吧，如果每次平均花二十六美元，這些年下來就有三千一百二十美元，共計買了二百四十本書，嗯，我大概有信心讀完其中一百本吧。

多虧了搬好幾次家，我才看清自己到底有多少還沒看、也不想去看的書。這裡頭有一部分是心靈勵志類，但那時我已意志堅定，不需額外的鼓勵。另一些是經典名著，老實說只有催眠的作用，其他的都是跟工作相關，但我從沒認真拿來參考。我本來還以為搬家這麼多次應該丟了不少，殊不知……

算了算，我還有九十五本書，於是只好捫心自問：真的會有拿起這本書來看的一天嗎？如果答案是會，書就回到架上；如果不會，就塞進袋子裡。問過一輪，我留下八本已經看過但確定想珍藏的書，五十四本未來應該會讀的書，剩下三十三本就打包起來捐出去。我總共清掉35%的書，全數捐給市立圖書館，如果自己不讀，不如讓給有需要的人。

再來該看看辦公文具了，應該不難整理，反正我也不需要什麼——除了筆之外。家裡共有三十六枝筆，看過一輪，我留下八枝（說不定還有點太多），其餘送給當老師的朋友。結果，包含一些置物箱、資料夾和筆記本在內，我一共扔掉房間裡47%的東西。

接下來整理廚房，這裡可真是驚人——好吧，也許不意外——空間雖小，儲物驚人。我的廚房已經很小了，卻還是有稍微多一點的茶杯、馬克杯和盤子。清點一番後，電子設備通通留下，只丟掉一個攪拌器，因為我實在想不到什麼時候需要攪拌；既然知道含糖果汁只會讓我發胖，索性把果汁機也賣了，誰管自己榨汁是不是比較天然無加工？廚房裡還有一堆不看的食譜，就也一起拿去圖書館好了。專放廚房器具的抽屜也清掉25％的東西，叉子只剩少少幾把，夠我吃沙拉用了。

最後，我到浴室去，在櫃子裡找到整整三袋盥洗用品。我把袋口打開，往洗臉盆一倒，東西一下就堆得快滿出來，大部分都是乳液和沐浴乳，因為我買了又買，還有琳琅滿目的小瓶罐，是外出旅行時從旅館帶回來的。試用品也很多，不知怎地就會收到一堆，而我為了怕「浪費」就留著，還有親朋好友轉贈的各色產品。以上這些，同樣只用過冰山一角，因為就像我簡單的穿衣哲學，我的美妝哲學也很簡單，很顯然用不到這麼多瓶瓶罐罐和試用包，所以過期或不太使用的通通倒掉，只留乾淨的空瓶，其他的能捐就捐。我和41％的瓶瓶罐罐說再見，去蕪存菁後只裝滿一袋，往洗手台下面一塞就搞定。

清完各個空間，可以拿出紙箱了。公寓裡放了好幾個紙箱，都是我為了搬家打包的。先從櫃子裡拖出來、堆上卡車、運到新家、搬進屋裡，然後又推進新家櫃子裡。如此反覆，整整五次，到現在還沒認真看看箱子裡有什麼。

我先拆開第一箱，裡面有三十片DVD、三十片CD，還有一捲卡帶。我檢查過一輪，先留下四件，其他五十六件果斷裝箱，準備樂捐，反正現在也沒有機器可以播放。我看看最後四張碟片，覺得難以取捨，因為其中兩片是從小最愛的電影，另外兩片是這輩子最早買下的CD。這幾樣東西，我總想著哪一天要拿出來，和我的孩子一起看，或者七老八十了再拿出來，邊聽邊搖頭，心想年輕時怎麼會聽這種東西。可是這個世界已經變了，想回味這些內容，上網不怕找不到，我也不需要靠這些來保存回憶，所以——都丟了吧。

但我還是又遲疑了一下。我看著箱子，它和那一袋袋打算送出的東西整齊地排排站。我盯著看了再看，又把箱子拉回來，重新審視裡面的碟片。真的要全部丟了？耳邊忽然響起老爸的聲音，只要他發現我不肯用爸媽買的東西，他就會用這種口氣講話：「這是我們花錢給你買的啊！」每次聽他這樣說，我心裡就會一陣難受，過意不去。

現在，我就要把這些裝滿的袋子和箱子往外丟了，裡面裝的可都是我的東西啊！都是花錢買來的，ＣＤ和ＤＶＤ當年可不便宜，有些還是我手頭不寬裕的時候買的。

好吧，至少這些我都聽過或看過了，不像那些書，碰都沒碰過。不像那些只是說說的計畫、只穿一次的衣服；不像那些收起來就忘記，放到過期的瓶瓶罐罐，只是一場浪費。**浪擲的金錢，虛耗的夢想，錯過的機會……我開始遲疑，幾乎要把東西都收回來。可是，越是看著這些浪費的痕跡，越是難受，還是不要留戀了吧。**

再來開第二個箱子，裡面塞了若干更小的箱子。有一盒包裝完好的電子遊戲機、兩部數據機、一個機上盒，還有十四條纜線和電線，大部分是有線電視和網路公司或是朋友送的，都不要錢。我打算賣掉遊戲機，其他的拿去捐。

最後一個低調的厚紙板箱子倒像個寶箱，裡面有相簿、學位文憑還有一疊畢業紀念冊，最下面是兩個玻璃瓶。一瓶是朋友送的，因為我幫他們看家顧貓咪，他們就送我一瓶墨西哥帶回來的龍舌蘭酒，如今已是空瓶。瓶身上貼了標籤，印著一個躺在吊床上小憩的男人。這幅圖畫的景象，正好和我當初喝酒的樣子一模一樣：午後時光，露台小憩，喝一點酒消解工作一天的疲憊。人生當復如此，我當時心想，一邊讓順口溫暖的酒滑過舌尖。

第二個瓶子不是墨西哥龍舌蘭酒，也不是空瓶，是一整瓶從附近買來的蘭姆酒。我剛戒酒的時候覺得丟掉很浪費，但到現在也沒開過半次。想到要整瓶丟掉，我又有罪惡感了，因為「這是花錢買的」，而且只要我想喝就不是廢物了……唉，我這不就是專家說的「囤積物品」的習性嗎？既然我不喝酒了，這不就是個裝滿液體的玻璃瓶而已？真的用不到了。

也對，就是這種「可能會用到」的想法，讓我留下一件件洋裝、一本本書、一片片ＤＶＤ和一條條纜線。以防萬一，哪天會想放鬆一下，暢飲通宵；以防萬一，想藉酒澆愁，忘記傷心事——反正留下來就對了，以防萬一。

這種種猜想也是在考驗我自己，雖然聽起來很扯。你說有什麼好考驗的？平常這瓶酒埋在紙箱最底下，藏在櫃子深處，我自己都忘了有這回事。然而，只要我陷入任何「萬一」的情況，就會想起有這瓶酒。工作不順的情形倒還好，去運動一下流個汗，吸幾口新鮮空氣就好了。遇到傷心事比較麻煩，我會真的想找點樂子轉換心情，就像亂買書的衝動，這時候我可能迫不及待想來一杯。心情越差，酒的誘惑越大，然後就會想起那瓶酒一直都在。不行，再怎麼樣都不可以去拿。這就是酒杯的考驗。

最後這箱整理起來最輕鬆，因為幾乎全都要留——除了那兩個瓶子。空的那瓶已經功德圓滿，沒開的蘭姆酒也應該清空，只不過不是往我胃裡倒。**我一邊把酒倒進廚房水槽，一邊向我浪費的錢、夢想和機會都說拜拜。或者，不是說再見，而是迎接以後會留財、留住夢想，還要留住機會的新人生。**

＊＊＊

我總共捐出公寓裡43%的物品。我奮力把箱子和袋子塞進車子，從車廂地板、副駕駛座、後車廂一路堆到天花板，這樣滿載而出，還整整運了兩趟！我跑了好幾家不同的機構去捐贈才擺脫它們。

除了記下自己丟棄的數目，我也考慮計算我還擁有多少東西。我逐一分類，走過所有物品前，手指輕觸每一樣物品的表面，實際感受我所擁有的。設下購物限制之後，過往那些瀕臨放棄的時刻又重回眼前。我決定好好瞭解自己究竟擁有多少，這樣出門在外時不會想再添購任何東西，來彌補缺少的感覺。比方說，光憑印象記得好像還有一瓶除臭劑，和清楚知道我其實有四瓶（或根本沒有），完全是兩碼子事。

明白這個道理以後，我又挑出一台要價不菲卻沒用過的相機，和一部老舊筆電（留著是「以免」新的那台出毛病）。這兩樣東西當時都花了大把鈔票買下，如今賣了還賺回幾塊錢。接著，我另開了一個帳戶，用來存入這些變賣二手貨的所得，還有每月省下的飲料錢等款項。我給帳戶起了一個好名字：「少買多存」。我的打算是，這個帳戶的錢可以繼續存下去，也可以拿出來買「可購買清單」上的物品。

才進行到這個月底，我就覺得一切都很美好，好像已完成所有目標一樣。家裡變得更清爽了，居住空間變寬敞了，連呼吸都更自由。如果設下購物限制後，接下這一年都能這麼輕鬆愉快，想必勝利就在眼前！

當然，事情不會這麼簡單，長久累積的習慣和生活步調，不是一朝一夕就能改變，目前我所做的，不過是鋪好一條路，讓自己更容易朝目標前進。真正的挑戰還在後頭，早晚都得面對，反正我也不是第一次挑戰節制了，見招拆招囉。

8月

改變習慣

已戒酒

19個月

本月存款佔收入

19%

擺脫的多餘物資佔所有物品

43%

第一次喝酒，是跟生父見面的時候。當時我十二歲，那是父女倆第一次，也是唯一一次相見。

之前在部落格上，我刻意不提太多酗酒往事，倒不是怕別人怎麼想，只是不想變成茶餘飯後的話題，更不希望「親人」也跟著變成笑話。但事實就是這樣，別家的孩子還一起嘻笑玩鬧時，我已經開始碰酒了。

我母親和生父沒結過婚，甚至算不上認真交往。她只和他約會過幾次，不小心就懷了我，人生從此改變。生父不想面對，便在我出生前避走他鄉，跑到美國去，我媽只好選擇接受事實。我要強調「選擇」這兩個字，因為她原本有權利不要我，卻每次都說「這孩子是上天的禮物」。她選擇和我一起組成小家庭，然後讓繼父加入。

謹此說明：在本書中，凡是提到「我爸」就是指繼父，因為他才是我心目中的父親。

回想起來，成長過程中，有件事真的應該謝謝我媽：她從來不隨便讓我和她的約會對象打照面，直到遇上繼父，才介紹彼此認識。話雖如此，母女相依為命了七年，一時間，小小年紀的我實在無法立刻接受。那時的我根本不希望有外人搬來同住，佔據母親床上的位置，讓我不能一做惡夢就跑進媽媽的房間，鑽進她的被窩尋求安慰。我心裡想：那是我的枕頭，我的毯子，我的床，還有我媽，都是我的。

但我還是多了個爸爸。我爸媽認識三年之後結婚，生了兩個孩子。我比妹妹艾莉大八歲，比弟弟班大十歲，這樣的年齡差距真是一大挑戰。一整年的時間裡，爸爸有一半都跟加拿大海岸防衛隊在卑詩省沿海南北巡邏，父親缺席時，便是長姊如父的時候。我會帶「孩子們」去上學，帶他們去打球，幫他們煮晚飯，洗大家的衣服，打掃屋子，大小事都包辦。也許別的孩子會抗拒這種責任，小小年紀的我卻倍感驕傲，很樂意當這樣的姊姊。

我在新家庭裡如此生活，到了十二歲那年，生父才聯繫上我媽，說他會來維多利亞一趟。他回來看自己的母親和弟弟，想順道和我們吃頓晚飯。媽問了我的意見，我只說：「隨便，沒差。」我當然很好奇生父是什麼樣子，不過，身為一個單親家庭長大的孩子，我認為有個好母親就夠了。我媽努力工作養活我們倆，而且從沒讓我覺得缺乏關心，所以生父顯得可有可無。但是，我身上畢竟流著他的血，難免想瞭解一下這個神秘人物，於是雙方約好要見面。

那一晚的記憶猶新，我幾乎記得每個細節，像是記得第一次約會和初吻一樣仔細，但也充滿困惑，直到現在也不明白他為何那樣對我。

我們三人共進晚餐，邊吃邊聊些家常話題，問些「你現在住哪？」「你現在做什麼工作？」「你家裡的人還好嗎？」等基本問題。我靜靜聽他們交談，談論我，然後把話題也轉向我。我能說什麼？我才十二歲，生活不外乎是交友、念書、打球，還有暗戀男生這類的事——他真的會想聽這些？

於是我一言不發地打量他們，注意他臉上所有細節，拿來和我的臉比較，想知道到底像不像。我是金髮，但家裡其他四個人都是深棕色頭髮，所以我總顯得很突出。一見到生父，才知道原來是他把金髮傳給我的；我們也有一樣的鼻型，而且他笑的時候，上唇也會變窄，大笑的時候也會習慣把頭往後仰。我一向討厭自己一笑就看不見上唇，看來找到罪魁禍首了。

吃完飯，他問我媽能不能帶我去吃個冰。生父是攝影師，想拍些故鄉的照片回去。「就一個氣氛啦！」他就是這樣講話的，用些「一個氣氛啦」、「超讚」和「老兄啊」之類的講話方式，口音混雜英文和南非腔，不知道是去哪學來的，反正聽在十二歲的我耳裡，就是成熟大人講話的口氣。因為拒絕好像有點怪，所以我就上了他的車，車子一路往南，開到了內港奎卓街上。

到了之後，我才發現他根本沒打算去吃冰。他抱怨市區沒地方停車，然後帶我走進堡壘廣場上一家老酒吧，選了吧台的位子坐下。他請酒保顧我一下，便眨眨眼，微笑轉身，不見人影。

實際上他只離開半小時，我卻感覺過了半天那麼漫長。酒保倒飲料給我，後來我才知道，那兩杯東西是萊姆瑪格麗特。我嘗了第一杯，喝起來像思樂冰，之後小口小口地喝，一邊盯著電視看，希望越早喝完就能越早走人。喝完之後，酒保上了第二杯給我，這時我眼前一切已泛著奇妙的光輝，身體也暖起來。終於，生父找完朋友回來，一看就知道我醉了：「給她來杯咖啡加威士忌吧，兄弟！」我喝了一口解酒配方就吐回杯裡，然後轉頭求他帶我回家。

那一趟車程我異常難受。在那短短二十分鐘，生父問了一堆問題：「你繼父到底怎麼樣？」「你覺得你和你媽還有我，我們有可能變成一家人嗎？」之類的。我看著窗外的車輛、房屋飛過眼前，咬住舌頭才能忍住不哭，暗自祈禱上天可以快點帶我回家。我也突然發現，要是失去艾莉和班，我大概活不下去吧，他們可是我骨肉相連、僅有的手足。

回想起來，那一晚媽應該一直坐在窗前等，不時看我是不是回來了，否則不會車子一進門，就立刻走出來迎接。我下了車，生父便向她揮手道別，然後咻地開著那輛老車走了。我媽站在屋前台階上，看著我蹣跚走來，扶著鋪了碎玻璃灰墁的外牆，很慢很慢，舉步維艱走上十階樓梯。辛苦走到家門前，才看見她一臉嚇壞的樣子，她從來沒用那樣的表情看我（不過往後有的是機會），我進了門，仍得扶著牆壁才能走路，好不容易進了房間，才放開手讓自己倒到床上。

後面的細節我已經忘了，只記得躺在床上，聽我媽在廚房裡對電話大吼。當然是打給生父跟他理論，還打到酒吧威脅要報警，好笑的是，生父有個兄弟是警官，我媽則在市政府工作，兩人在同一棟大樓上班，冤家路窄。維多利亞真是個小地方，但我從沒見過這個親戚，所以這小地方也夠大了。他大概隔天就會知道姪女未成年飲酒了，因為我媽在電話上說她一定報警。

我躺在床上，聽著大人吵架，眼睛看著偶像的海報，暈頭轉向，暈著暈著，才慢慢閉上眼，滑入黑暗中，脫離這一切。

＊＊＊

這段往事最糟的部分，倒不是當時發生的一切，而是我學會用喝酒來證明自己已經長大了，而且從此依賴酒精來逞英雄。

第一次逞英雄，是剛上中學時。維多利亞市的公立教育有兩個階段：小學（從幼稚園到七年級）和中學（八年級到高中三年級）。第一次喝酒後不久，我滿十三歲，進了中學，交了群新朋友，大多是八年級的女生和九年級男生，我成了團體裡的小老么。

就像多數煩躁不安的青少年，我們也會分享從小到大的故事。新朋友裡面，有些雙親離異，有的說自己恨死繼父母了。有幾家的父母酗酒又嗑藥，連孩子都覺得爸媽生活太糜爛傷身，但我們自己都沒試過這些刺激的，只有幾個男生會偷菸來抽，或偷拿冰箱的啤酒來喝。我聽他們吹噓這些經驗時，心想：「太好了，終於有件事可以拿出來講了。」

從小我就沒有什麼過人之處，比如上中學加入籃球隊，大多時候只能坐冷板凳，體育課分組，都是別人挑剩的那個。外表也很「出眾」：頭髮剪太短，腰圍寬了點，屁股也不小。反正，我就是個不起眼的邊緣人。還好，終於有件事可以跟朋友炫耀：我是小團體裡面第一個喝醉過的。

「暑假的時候，我親生爸爸來，帶我去喝酒……原來醉的感覺是那樣！」我說，感覺萬眾矚目。我鉅細靡遺描述喝醉的感覺，一副雞尾酒專家的派頭，最後還招呼大家：「改天一起喝酒嘛！」就這樣，我不再只是小團體的「其中一個」，終於熬成帶頭的人了。

不久之後，週末我就常和他們一起喝一杯。有個九年級男生認識一對兄弟檔，哥哥已經成年，星期五便由他負責買酒。我們這一群有十到十五個人左右，通常約在學校的露天看台碰面，等那位大哥拎酒來，接著我們一行人便暢飲整晚，喝掉兩堆空瓶，還在棒球場上四處亂闖，當自己家一樣。

我就這麼學會找各種理由買醉，一路喝了十四年！一喝酒，我就感覺自己變成更酷的人，想像自己會更受歡迎。為了解除社交場合的尷尬，或是為約會和性愛助興，我都會靠喝酒來舒緩不安全感。我以前都沒察覺自己如此依賴酒精，只知道自己很能喝、很會挑酒，也很敢跟男生玩，簡直是不折不扣的派對玩家。

高中時我一星期喝兩三次酒，一開始就算醉了，神智不清的時間也不超過兩小時，酒醒之後，只需要跟朋友傳個簡訊，確認昨天到底幾點離開派對，或者喜歡的人到底跟我講了什麼。對話一結束，我就刪除所有訊息才上床睡覺，避免荒唐事露出馬腳。只是醉一兩個小時，還好啦。

後來，我越來越習慣猛喝狂灌，頂多撐兩個小時就會醉到失憶。最後留下的印象都是好玩的事，比如在前往派對地點的路上邊走邊唱歌，或者到了目的地，跟朋友來個抱抱，接下來就是一片空白。再清醒時，往往已經躺在自己床上或別人家的沙發裡，過去六七個小時的記憶完全煙消雲散。

我並不喜歡醉到天昏地暗的感覺，討厭事後還要擔心自己到底喝過、嗑過、吃過什麼東西，或是做了什麼奇怪的事。我討厭每次都要擔心，怕自己失態，危害到我的人際關係，也不想再後知後覺，甚至不知不覺。儘管如此，我還是過了十四年夜夜笙歌的日子。

＊＊＊

我曾在某處讀到：「想要戒掉壞習慣，往往是戒了又戒，重蹈覆轍十來回，才能換得最終成功。」我的戒酒過程恰好就是如此。

第一次動念戒酒，是在一場聖誕節派對上。當時有個朋友要到泰國四個月，便在家中舉辦餞別派對。為了盛大歡送，我們特別準備了泰式啤酒、香料蘭姆酒和蛋酒，雖然搭起來有點噁心，但二十幾歲的年輕人這樣玩也不意外。氣氛漸熱，十幾個人在廚房地板滑步、穿襪子跳舞，朋友她爸還自組樂團現場演奏，大夥都玩開了。

隔天早上，我在自己床上醒來，前一晚的事全忘光了。我四處追問朋友，花了四天才還原現場：我本來叫了計程車要回家，站在路邊等著等著卻睡倒在地。過了一會，派對主人的父母發現我躺在人行道上，便好心載我回家。（那時我應該還有點意識，才有辦法給他們指路。）到了家，他們扶我下車，一路帶我回房，但是我對整個過程完全沒印象！那晚要不是有他們，還不知道會發生什麼事。

我寫了張卡片謝謝他們，也提到我很後悔，竟然讓自己不省人事。我寫道，我打算要戒酒了：「我已經三個星期沒喝酒了。」話是不假，但沒多久就破功了，而且要再過五年我才又想起戒酒這回事。

於是，我在二〇一一年立下新年新希望：一整年都別碰酒。這個希望只堅持了二十三天就宣告破滅。到了二月份，我請了長假，本來打算到東部重起爐灶，結果八個星期內就敗光所有積蓄，只好用僅剩的三百五十美元買機票飛回老家，還揹回三萬美元的卡債。那時起，我喝得比較少了，但只要一看到一瓶十元的酒，還是會買下來，不到一小時就喝得一滴不剩。

隔年夏天，我和長久交往的對象分手，過程異常痛苦，只好刻意狂歡，想要忘記傷痛。兩三個月狂飲下來，腦中開始有個聲音說：不能再這麼下去，會把身體搞壞的。我越來越清楚，**喝得這麼兇，只是因為喝酒會感覺自己變得更好，能讓我自在應付尷尬場面，約會上床都得靠酒壯膽。喝酒也是為了逃避痛苦和不安，從小到大，這一點從未改變。**

那一年，直到八月我才在多倫多找到財經網站的全職編輯工作。公司的執行長讀過我的部落格文章，欣賞我寫的東西，也知道我喜歡多倫多。「要來這裡打拚看看嗎？」她問。她不知道我有多想重新來過，所以我應聘了，辭掉公部門的鐵飯碗，三個星期後打包好行李，搭機飛向新人生。

到了新家，我找幾個朋友辦喬遷派對，接著又分別給兩個人慶生，有一次還跟新同事出去狂歡。腦中的那個聲音又出現了，而且口氣更強烈地勸我。好吧，其實我很清楚：我假裝很高興搬來多倫多，對生活充滿期待，事實上還沒走出情傷，畢竟那是年輕時最投入的一段感情了。所以，我想逃避痛的感覺，卻想不到連酒都不能再止痛。

那一次的失戀風暴，掃過我生活中每個層面，讓我躲在家裡不愛出門。我又開始亂花錢，亂吃東西，根本想不起最近一次是什麼時候上健身房的。時序入秋，我漸漸發覺，如果不戒酒，一切不可能好轉。我想下定決心從此滴酒不沾，甚至把決心寫在部落格文章裡面公開，因為這次狀況太糟，快到臨界點了，所以痛定思痛，應該會有用吧？

一個半月後，我去了場演唱會，小喝了兩瓶啤酒。接下來又連日飲酒作樂，為時六星期。中間我來了趟紐約行，酩酊大醉度過大半行程；好幾次回過神，發現自己處在男人堆裡，場面不太雅觀；有次在酒吧整整喝掉四百五十美元的酒錢；還有一次，喝酒回家後，一早醒來發現昨晚穿出門的褲子不見了，身上竟然套了一件來路不明的洋裝。

我多次試圖戒酒，卻喝到自己都受不了，才真正痛下決心。二十七歲的某天，我又從徹夜狂歡中醒來，只依稀記得前一夜好像玩得有點誇張。到此為止吧。雖然那一晚倒不是特別糟糕，但我心裡知道，那已經是最後一次飲酒作樂。於是我起床對自己說：「不能再這樣下去。」這次可是認真的。

＊＊＊

戒酒最難的地方，不是不准自己喝酒，而是不能用酒逃避尷尬對話、沒安全感或被拒絕的感覺。不巧，我經常遭遇這些情況，卻從此不能再逃進酒精的懷抱。以前，只要來一兩瓶酒，就能沖掉工作不順的煩悶，或是感情碰壁的哀傷，但是不行，不能再這樣喝了，我應該要面對那些想逃避的感覺，就算又心癢想喝，也要忍下來，學會用別的方式面對負面情緒。

過了一年多，我赫然發現，其實決定戒掉喝酒和戒掉外帶咖啡，根本是同一回事。要控制不喝酒並不難，但要我從此不能早晚各一杯外帶拿鐵，竟然和戒掉晚安酒一樣痛苦，我的咖啡「癮」居然有這麼重！

某天早上，我睜開眼睛，覺得累得要命，第一個念頭就想來杯咖啡。不知為何，比起直接走進廚房煮壺咖啡，穿好衣服、下樓、去咖啡店，聽起來好像更簡單。過了幾小時，工作到一半，又想休息一下來杯咖啡。喝一點有什麼關係？肩膀上的小惡魔說。每次一出門，我就想拐進咖啡店，也是到這時才發現生活中有太多事情都和咖啡綁在一起。每一次心癢，就得靜下心來，找出衝動來源，然後轉移注意力。

幸好這還是比戒酒容易多了。如果早上突然想補充咖啡因，只要走進廚房，法式濾壓壺就能為我服務，偶爾加幾滴臻果糖漿，泡杯自製調味拿鐵也不錯。要開車出遠門，水瓶和旅行咖啡杯都是裝滿上路。這些事多做幾遍，很快就養成新習慣，舊的已經拋到天邊，才過半個月，我就明顯感受到轉變。

老實說，我當年在戒酒時可沒有這麼美好的感受，現在實行不衝動購物也一樣。畢竟多年來我都依賴酒精，深信喝酒會讓自己好過一些，我也以為買新東西會改善生活。我不是整天想買東西，甚至整個星期都不一定想花錢，可是衝動一來，往往上一秒沒興趣的東西，下一秒突然天雷勾動地火，非要不可。

比如，聽說有一本書還不錯，來看看好了……不知不覺我就點進購書頁面。或者走進美妝店要買新的睫毛膏，看到架上一排眼影盤，便像著魔似的，覺得自己現在用的顏色不太對，應該試試新的。又或者，有一次在遵守「可購買清單」的前提下，想換件新帽T，眼睛卻一直往旁邊的圍巾看過去，覺得我圍那條會很好看……我應該有需要吧?!當然我才不需要，所有上面說的那些我通通不需要，所以一件都沒買。

追究起來，不買新東西不難，痛苦的是必須面對想買的衝動。感覺每次一忘記購物限制，我就立刻想掏錢買東西。購物衝動揮之不去，就像舊情難忘，心還在他身上。

為了抗拒衝動，每次一想買東西，我會先忍下來，觀察周遭環境，找出是什麼原因讓我想花錢。有時是因為我離電腦很近，要上購物網站當然易如反掌；有時是店家推銷有術；然而最常見的情況是：我想買就買。感覺一來，不必多問，不管預算，沒有存款壓力，買，就對了。

現在我學會抵抗這種迎面而來的衝動，方法說起來不難，只要想著一件事就好：我上次已經丟掉那麼多不要的東西，家裡也還有好多好多，所以真的不必再買了。

唯有在這種百般拉扯的時刻，才顯出實踐購物限制有多艱難，不只不能花錢，還得打破習以為常的糜爛生活。

為此，我讀了些相關研究，想知道改掉習慣需要多少時間，殊不知每個人給的答案都不一樣，短則二十一天、長則六十六天，甚至有十二週才能大功告成的說法。我自己的真實情況是，計畫開始整整兩個月之後，還是不時產生購物衝動，每次都需要嚴加對抗，然後思考為什麼又想買東西，如此反覆發生。這其實不奇怪，你隨便問一個戒過壞癮頭的人，不管戒酒、戒毒、戒吃，什麼都行，親身經歷過的人會說，一定得花上一段時間才能真正戒除依賴。這我也可以掛保證，戒斷期絕對不止二十一天。

時間來到八月底，我已經執行購物限制五十六天了，仍不時感覺到購物慾望蠢蠢欲動。這麼多天以來，我更加瞭解自己平常有什麼習慣，但這時的我還不曉得，原來所謂衝動購物，背後還牽扯了更多理還亂的情感動機。

9月

購物狂再見

已戒酒

20 個月

本月存款佔收入

12%

（多次旅行，花費甚鉅）

本月完成信心

60%

你覺得「購物狂」是什麼樣子？也許在你的想像中，是個踩著高跟鞋的女人，手裡提著一大堆紙袋，裝滿新衣、新鞋和化妝品。大概受了媒體報導和名人形象影響，我以前對購物狂的印象正是如此。儘管市面上有探討購物狂的書，甚至出了專門系列，也有電影以購物狂為主題，但塑造出來的形象都不脫：高跟鞋女子，提著一堆新買的東西……就像前面說的那樣。

所以呢，以前我一直對這個詞沒什麼共鳴。除了貸款買車，大部分債務都是吃喝玩樂累積出來的。花費超出能力範圍也不要緊，先刷卡就好，帳單寄來再說，反正我是刷卡去吃去玩，又不是瘋狂購物。我的確會跟朋友去逛街，但也只是隨意逛逛，可沒有整天買東西。衝動購物是有，比如買一些不看的書，或超出購物清單，順手多帶幾件——總之，我才不是那種愛穿高跟鞋去血拚的人，哪是什麼購物狂？

要證明自己不符合刻板印象？再簡單不過了：「我看起來不是那樣啊，所以我才不是○○。」看圖說故事，大家來找碴，一翻兩瞪眼。然後，成功否認的人心裡就好受多了，不管自己也受過質疑，只要一看到符合特徵的人，照樣群起而攻之，難怪沒人想沾上邊。不過，確實不能否認，儘管長得不像購物狂，我的確有過衝動購物的歲月。

以往只要能玩得開心，不管買食物或酒，我都毫不手軟。不出門狂歡的時候，就在家看電視，連續看上幾個小時，一動一靜，輪流用不同方式來浪費人生。我自認沒有飲酒過度，但在喝最兇的時期，也差不多是專家認定的酒精成癮了。那時候我不太老實，總讓別人以為我沒喝那麼多酒、沒花那麼多錢，如果有人問起，我會說謊：「當然付現金啦，因為我身上有錢，幹嘛刷卡預支。」

回到購物，好吧，前面那樣說也是騙人的，才不是只多買一點，我買的東西可多了。我以前偶爾也會採行購物療法來抒壓，只要能讓心情變好，付什麼錢都不是問題。通常我只是買酒小酌，不過事態嚴重時，往往一擲千金，買下超出能力範圍的東西，希望能挽救崩潰深淵中的自己。到底什麼事這麼嚴重，需要花錢消災？——除了失戀，還能有別的嗎？

＊＊＊

今年六月，就在啟動消費限制的前幾週，我在多倫多認識了新對象安德魯。安德魯負責公司的會計工作，所以這是段辦公室戀情。我們在數字和報表之間萌生愛意，不久便開始交往，成為彼此生活中的快樂泉源，我們住得遠，但自認心有靈犀，相信短暫接觸也能充滿火花。

交往後，蜜月期果真甜如蜜。我們住在不同時區，有三小時的時差，不方便隨時講電話，所以每天早上我會先傳封簡訊，結尾不忘附上愛心符號或親吻圖示，表達思念之情。如果用電話，兩人可以一次講上好幾個小時，講到很晚很晚。有時我們會用Skype視訊約會，讓彼此能共進晚餐或一起看電影。遠距約會了一個月，他便問我是否打算認識其他對象，或者乾脆跟他定下來？聽了這話，我覺得渾身輕飄飄的，心裡還想像著如果是當面告白，他說不定會一把將我抱起，先轉個三圈，再模仿老電影的橋段，來一個定情之吻。

安德魯不只體貼溫柔，也願意聊嚴肅的話題。一些一般人在剛交往時會避談問題，他都敢討論，於是我們聊了彼此的薪水和淨收入，說明自己的宗教信仰和政治立場，並討論我戒酒的經歷和意義。他本身也會在社交場合偶爾喝一點，這點大概跟我歷任對象沒什麼兩樣。我們還深談自己過去的情史，毫不避諱，大聊為何舊情慘敗，總是傷心收場，我們幾乎百無禁忌，什麼都聊。

他一直對離過婚這件事坦承不諱。他和前妻先是愛情長跑十幾年，覺得結婚是理所當然的下一步，便結婚了，後來卻因對方出軌，很快以離婚收場。從他的立場來說，怪罪前妻是人之常情，換作是我，可能恨死她了。可是，他沒把錯都推到對方身上，還反過來自責當時把一切看得太理所當然，不夠珍惜，雙方起了衝突也不肯溝通，所以婚姻失敗他也有錯。離婚讓他學到教訓，知道結婚誓言只是坐而言，還必須起而行，只有空談可不算承諾。

在這些掏心掏肺的談話裡，安德魯這麼誠實相對，實在讓我動容——倒不是他說了我什麼，而是因他一席告白，逼我正視自己過去的問題，於是我回顧以前談過的感情，喚起不願面對的回憶。我想起前男友克里斯，有一次他生起氣來便把我推到床上，用枕頭悶住我的臉，一邊大吼大叫。要是我想逃跑，他就把我釘在牆邊，然後拿走鑰匙，趕我出去不給進門。事隔多年，我還記得當時的感覺，那段往事十分不堪，因此我向來都把這些回憶塵封心底，只專注於分手之後的美好回憶：我重拾中斷的學業、拿了傳播學學位、飛到東部找工作、還清債務、生活得更健康，也戒了酒，人生變得更美好。可是，跟安德魯深談之後，我發現我們談的那些痛苦過往，不能全怪克里斯，我也該負一部分責任。在那段關係裡，是我自己不爭氣，跟著一起同流合汙，怪不得別人。

每次重新反省之後，我便覺得安德魯像一面鏡子，照出我不願面對的舊瘡疤。他總能幫助我看清那些其實顯而易見，但我視而不見的問題。和他一樣，**我也曾拒絕面對現實，一起衝突就想逃避，我也很容易妥協，不堅持選擇喜歡的事物，不敢表達意見**。在感情中，我總是全盤接受對方給的一切，不問自己是否值得更好的。

跟克里斯分手後，我還告訴自己，應該維持單身才能專心工作，對自己好一點。然而，一旦有面鏡子擺在你面前，逼你面對自己，事實便擺在眼前：我只不過是害怕再度受傷，所以不敢找新對象，從此封閉自己。我的交友狀況一切如常，但心中早已立起高牆，徹底從戀愛市場中銷聲匿跡。談戀愛？謝謝，不用。想約我？謝謝，再聯絡。

就這樣，隨著我一一自陳，安德魯也聽到許多不光彩的過去，但一件都沒把他嚇跑。他反而會邊聽邊給建議，兩個人一起想辦法，而且都是些很實際的辦法，讓我們能好好經營這段感情。比如說，打開雙方的行程表，決定接下來半年內有哪些時間可以見面——我們決定每隔一個半月見一次，輪流去找對方。既然相見免不了舟車勞頓，便討論好分攤旅費的方式：每次見面，出門相會的一方自付機票錢，接待的一方負責其他一切開銷。其實我每天都想見他，但不是出於不安全感，所以我想這次應該會是認真的了。

九月時我趁勞動節放假（譯註：加拿大的勞動節為九月的第一個星期一），飛去找安德魯。雖然見少離多，我們的相處方式卻像老夫老妻一樣自然，在廚房裡，他煮飯我善後，兩人如膠似漆。去逛超市時，如果他漏了購物清單上的物品，我都能一一提醒，好像同居很久，對他的生活瞭若指掌。平常只要站到對方身旁，我們便會碰觸彼此的手或背，表達愛意。就連坐在客廳沙發，兩人依靠在一起的姿態都親密無比，像兩片遺失的拼圖，終於找回彼此一樣，是那麼自然地湊在一起。當時一切都完美得沒話說——這次是認真的了，我再次心想。然而，就在假期結束的前一晚，一切陡然生變。

安德魯那一晚異常安靜，他坐在沙發上習慣的位子，頭倚在我膝上，雙臂環抱著我。我們一起看了部電影，從頭到尾他一句話都沒說，就算電影播完了仍一言不發，只是安靜回房睡覺。那天我們沒上床，他也沒抱著我睡，只是轉過身背對著我。安德魯在我們之間立起一道牆，把我隔在外頭，拒絕接觸，避免衝突。我仰躺著，望向天花板心想：我該問他，你還好嗎？還是一句也別多說，靜靜抱住他就好？或者挑逗他一下，打一砲說不定有幫助？考慮過後，安靜擁抱聽起來不錯，但我還沒來得及靠過去或說點什麼，耳邊已傳來陣陣鼾聲，我錯過時機了。我蜷縮起來，偷偷讓兩人的背碰在一起，同時暗自流淚。我過去不知道什麼「世界上最遠的距離」，現在我知道了。你在我身旁，我卻是一個人面對。

隔天早上，他開車送我去機場。不知怎地，我知道我們已經玩完了，但還是不知道為什麼會演變至此，怎麼突然結束了？我們才共度週末，臉上卻無欣喜之色，反而表情僵硬，對話生疏，像剛開完會的兩個同事在閒聊。

「玩得還開心嗎？」他問。

「開心，真是來對了。」

我咬住舌頭，免得眼淚奪眶而出。那當下有好多問題想問，卻又害怕聽到回答。一想到要傷心難過，我就裹足不前。他也知道。我才對他卸下心防，把過去的擔心害怕都一五一十說出來，他當然猜得到我在想什麼。我還沒準備好要面對，所以我也拒他千里之外，這樣是滿幼稚的，但我正是如此面對眼前的狀況：立起高牆，一言不發。

到了機場，他根本沒打算下車送我，也沒有擁抱道別。他只是把身子探過來，親了我一下。這一吻很用力，我幾乎以為可以重新來過，然後我便提著行李說再見，心裡知道可能此生不復相見。

之後幾個星期，我們還是會互傳訊息，但感覺已經變了。每天早上醒來，我何嘗不希望看到他的留言，附上親吻圖案就更好了，但日復一日，總是期待落空。我關心他一天過得如何，關心他工作的狀況、他的家人和朋友，他往往只用三言兩語就交代完畢，這反而比不理不睬更刺傷我的心。我一直不敢問他到底發生了什麼事，為什麼要這樣對我？只是我還沒做好聽到答案的心理準備，所以一直沒問。我們的關係名存實亡，只剩下文字訊息勉強維持，這讓我覺得寂寞又空虛，只好把行程表塞滿，四處旅行，轉移注意力。

我先到安大略省的京士頓參加老闆的婚禮。不久又飛回溫哥華，開車載朋友凱西出門，共度女孩專屬的週末假期。我們穿越邊境，沿著美國五號州際公路一路向南，抵達俄勒岡州波特蘭市，在此地停留三日，盡情啜飲咖啡、大啖美食，餐廳一家接一家的吃過，好像要趕著完成「此生無憾」清單一樣。我們先到Stumptown喝杯咖啡，再好整以暇到Tasty n Alder吃早午餐，晚餐上Pok Pok吃泰國菜，再到Salt & Straw遍嘗各種口味的冰淇淋，一天便完滿結束。如果這成了人生最後幾餐，那我們一定是捧著吃得鼓鼓的肚子，微笑迎接死亡。同時我大概臨死也握著手機不放，因為還在苦等安德魯的留言。我一點也不喜歡這樣，痛恨自己變成一個百無聊賴，坐著癡等男友的小女生，但事實上我就是等了，等啊等，不時就檢查有沒有未讀留言，只不過再等也是一場空。

波特蘭行歸來，才過了兩天，我又搭上飛機前往紐奧良開會。說到搭機，住加拿大西部有個壞處：不論去哪邊都要轉機，既麻煩又增添旅途變數。我習慣性地寫了封留言，告訴安德魯我平安抵達目的地——而且現在跟他沒有時差。這次他的回覆沒那麼冷淡了，還多聊了幾句。我終於鼓起勇氣，問他能不能用電話聊，他說好。結果，這份溫情只延續了幾分鐘，聊完彼此近況，他又冷淡下來。電話這頭的我終於受不了，決定主動出擊：「你到底是怎樣？為什麼都不理我？」我得到幾句簡單的回答，道盡一切：他還沒準備好，還不想認真經營一段新關係。雖然在這難熬的幾星期，我早就心裡有底，但親耳聽到他說出口還是太殘酷，徹底把我擊垮。接下來，我躲在旅館房間整整二十四小時，蜷縮在床上，把自己藏得好好的，不想面對任何事。

直到隔天，我爬出被窩，決定開開心心和各地來的朋友相聚，享受紐奧良城市風光。開會和公務之餘，一行人結伴散步，從法國區走到路易·阿姆斯壯公園，我們到Café du Monde喝咖啡，吃貝涅餅（譯註：Beignet，紐奧良名產，一種中間無孔的法式甜甜圈），在桌面上留下一圈圈糖粉。中午則是到從雜貨店起家的Central Grocery & Deli買義大利三明治吃，晚餐再來點紐奧良海鮮飯配窮小子三明治。來紐奧良當然不能錯過爵士樂，那麼晚上就到波本街，隨便找一間酒吧盡情享受吧。

儘管有幸在朋友相伴下盡情暢遊紐奧良，受傷的心還是隱隱作痛。我發覺自己一直想找事情做，好轉移注意力，提振精神。通常所謂「找事情做」就是找東西買。我發現只要心情不好，我就購物，藉此忘記傷痛，也解決問題——就算問題只是子虛烏有，也成了購物藉口。

＊＊＊

就從手帳開始說吧。這麼多年來，就算我買了也從未好好使用，新的一本大概只用兩三個星期，一月份還沒過完就被丟在一邊，大概要再過三四個月我才會再想起來。然後每每看著手帳，心想：「真是浪費錢，新的一年都快過一半了，再拿來用也很怪。」便順手把本子扔了。這是我成年後一直有的壞習慣，但如今我剛從紐奧良療傷歸來，正渴望一切重新來過，當然需要一本手帳來計畫新人生——真的超需要！太好了，這本不錯！留白部分大小適中，方便我記下待辦的工作和私事，又附有勵志小語，可以適時激勵我，最後還留了幾頁空白，可以拿來列出看過的書單。左看右看都好極了，簡直是專為我設計的嘛！

再來看看我的衣服，真是沒半件能見人，不是老氣就是寒酸，讓我也顯得邋遢。看看那些去超市買東西的社區鄰居，她們氣色多好，看起來多開心。於是我開始逛網路商店，想找些好看的衣服：這幾件襯衫符合我的年齡，不會太孩子氣，再買幾件正式點的長褲……不要再買牛仔褲了，讓我看起來很不專業。那不然穿洋裝看看？我一直討厭穿裙子，可是別人穿了都很可愛，連身洋裝又很方便，不需要煩惱上半身和下半身搭不搭。哦，這件高腰剪裁的洋裝真好看，我穿起來應該不錯吧？那就買兩件不同顏色的好了。

除了亂買手帳和衣服，我也不時想買書。我也老幻想著，如果有個手燒馬克杯，早上用來喝咖啡，多有情調。要泡咖啡就得進廚房，啊，地板上如果鋪片地毯，腳就不怕冷了。我也該再添把主廚刀，不然刀不夠利，怎麼備料做菜？還需要什麼？對了，現在這只手機又老又慢，還會自動關機，非換不可。如果換了這惱人玩意，生活一定更順遂愉快。就這樣，我真的上網選購手機，把看中意的款式丟進購物籃。

就在按下「結帳」按鈕前，我才猛然想起自己還有消費限制，這一買不就破戒了？要不是畫面上跳出那個按鈕，差點要花掉一千多塊了。懸崖勒馬後，我靜下心來，思考自己到底在做什麼。以前如果陷入低潮，我大概沒有餘力反省，只能任情緒擺佈，但這一次我決定要振作起來。

結果那一整個月我都沒再對那些東西動心。我把網站上的購物籃清空，關閉瀏覽器頁面，什麼也沒買。以前可不是這樣，但那是以前了。

＊＊＊

回想我和前男友克里斯分手，也差不多六年了，那段關係可用幾個詞形容：混亂、激烈、毒害。兩人酗酒嗑藥，並戕害彼此的身心健康——情緒、語言、肢體，樣樣都走向極端。我當時一心以為那都是愛的表現，直到多年後才看清那一切有多糟。那段關係裡，如果有一方沒有安全感，另一方不但不會安撫，反而百般挑剔，鬧到大吵一架，然後又跟對方道歉，採溫情攻勢，求求你原諒我。

那時我就知道這不健康，不是長久之計，但每次想離開，克里斯就跪地求我不要走。他會信誓旦旦地說他一定改，列出一堆方法表達誠意，他願意做任何事，只要我留下來就好。現在看來，我不確定自己是否真心相信過他，但當時的我的確想要相信，便三番兩次心軟讓步。反過來，如果我同樣盡力挽留，他往往也會原諒我。我和他總是原諒彼此，只是和好了幾星期，我們又會陷入爭吵、鬧分手，不斷惡性循環下去。

戒酒也是一樣，戒了又戒，和那段戀情一樣陷入重蹈覆轍的漩渦。經歷多次分合，我終於和克里斯斬斷情緣，搬出同居處，另找單人公寓。那是我第一次一個人住，自從十八歲搬出家裡以後，我不是和室友同住，就是和男友同居。我的住處總有撿來的二手家具，和親友送的家居用品。除了因為一點強迫症傾向，讓我忍不住把東西排列整齊，屋內收拾得一塵不染，此外我完全不在乎物品的樣子好不好看，不在乎東西是怎麼來的，也不在乎是否能互相搭配。現在不同了，我要來真的。

我搬家都是有原因的。第一次是脫離父母，學習獨立。之後不是為了省房租，搬去和別人同住，就是為了換個更合得來的室友而遷移。和克里斯分手後，我決心重整人生，希望擺脫舊情傷害，也期待能改頭換面。我想過得平靜安穩，想有回家的安心感，於是為了打造舒適的新家，我決定：去買東西。

走進第一家店，我買下一組全新超細纖維的綠色布沙發，要價一千三百元，然後又買了黑色咖啡桌、茶几、書架和一面鏡子，花了七百塊。回家後，我在新架子上擺滿書和療癒小物——都是去逛街時買的，雖然店內商品大多定價過高，但那些小東西真的太可愛，好像每個都朝我大叫「買我嘛！」便一時心軟，通通帶回家。我還買下一些好看的照片，拿來掛在牆上裝飾。被單床包通通換新，畢竟床就像避風港，不舒服點怎麼行。結果，舒適新居總共在一週內花了我三千多元，而且還沒完呢！

為了搭配新家具，我決定把整櫃衣服都扔了，全部換新。過了幾個月，我又貸款買新車，共借一萬五千美元。換車的原因有點悲傷，也和舊情有關：剛開始和克里斯交往時，我那部芳名蘿西的老車鞠躬盡瘁，修理費用大概可以再買一部新的，加上克里斯說我可以開他的卡車，我便對蘿西說聲抱歉，送她去報廢。不久，我發現男朋友的慷慨是有條件的，我得先出錢加油，才能開那部卡車，而且每次只能開出去一兩個小時，更不能開去找別的男人，普通朋友也一樣。如果我犯了最後一條規矩，回家時他就會嚴厲斥責，好像罵得越兇，我就會懺悔越多罪過。所以分手之後，我決定要買新車，想開就開，不必看別人的臉色。「自由誠可貴，有車萬事足。」這句話我講了好多遍，別人應該都聽膩了，可是我最想要的就是自由。

宣布重整人生三個月後，我有一套互相搭配的家具、裝滿新衣服的衣櫃，還有一部新車。表面上看來，已經完美無缺，而且只花三個月就打理好。呼，終於自由了——同時也不自由，因為打造新生活耗費兩萬元，全部是刷卡付款，帳單還沒繳清呢。我欠的這些債，還得揹上幾年才還得清，這可一點都不自由自在。

＊＊＊

總而言之，比起當年離開克里斯的痛徹心扉，這次和安德魯分手根本小菜一碟。這次交往時間比較短，也不如上次驚天動地，我和安德魯沒有藕斷絲連、爛戲拖棚接連數月，也沒有用任何方式暴力對待彼此，互相折磨到有一方舉白旗投降為止——儘管說起來好像很平淡，我還是很難過。好不容易，我卸下心房接受新對象，好不容易又想相信愛情，結果只是一場空，我和他再也不可能了。

和克里斯分手，我已不記得有多痛，因為那時我只顧著麻痺自己。以食物撫平傷痛，用購物填補空虛。如果太寂寞，就呼朋引伴，到家裡開派對用力狂歡，不管有多少酒，儘管喝個精光。那時我不覺得痛，是因為盡了一切努力逃避感受，但這方法用慣了，總是治標不治本。直到和安德魯感情生變，**我才發現這樣縱情狂歡只是逃避，所以這次決定不再麻痺自己。不論會痛得多深多劇**

烈，我都會咬牙去感受。

經過滿滿的旅行之後，我回到家準備面對事實。晚上，我縮在床上，感受孤獨，感受刻骨銘心的痛楚。明天早上，我要繼續過日子，一切都會好的。於是我一件一件丟掉家裡不需要的東西，清理出更多空間，也重新安排物品位置，讓自己過得更舒服也更方便。每逢週末，我便常找朋友去爬山。

是的，我仍繼續生活著。我能感受，也能生活，再也不用食物或酒精來麻痺自己，也不再衝動購物。**沒有好處的事我不會再做，之前過得放縱奢侈，也沒幫助我走出困境，這次當然就不必再試了。**

不久，我在部落格上宣布，本人已順利撐過消費限制的頭三個月。遵守約定沒什麼好慶祝的，真正的好事是我又有感覺了，不再麻痺，而且我正在好好生活。

10 月

告別過去
劃清界線

已戒酒

21 個月

本月存款佔收入

23 %

擺脫的多餘物資佔所有物品

50 %

十月初我拍下公寓的現況，和七月的照片擺在一起，做了前後對照圖。我又扔掉好多不穿的衣服、捐出不看的書，也重新安排一些物品的位置，更妥善利用收納空間。我平常用的布告欄上已經貼滿太多紙張，層層疊疊，看起來快撐不住了，於是便趁機把內容大同小異的通通清掉。

有些人想看看我家整理後的樣子，也想知道大掃除到底有沒有用，所以我把對照圖放上部落格，給有興趣的人參考。我的用意是讓讀者可以一目瞭然，知道大丟特丟的成效卓著。你看，我家再也沒有滿屋子閒置物品了，剩下的東西也排得整整齊齊！我很樂意分享成果，事實證明，多數讀者也替我高興。當然，也有少數人不屑一顧，甚至發表惡評來抨擊我。

如果有惡意留言，我不會坐視不管。我管理部落格有兩個原則，首先，如果有人留言評論我的文章，或者分享自身經驗，我都很願意花時間好好回覆。要是讀者在比較舊的文章留言，我未必會回應，但只要在近期的文章發表意見，我都會盡力給予回饋。立下這個原則，不只是回報讀者閱讀和評論所花的時間，也因為我喜歡在部落格和別人交流，人與人之間能因此建立連結，這也是我所樂見。

第二個原則是有關刪除留言的問題。這是我從某場演講得來的靈感，我從那場演講學到，部落格並非一個民主的空間。講者說，部落格主人通常能控制留言的言論，實際上也該這麼做。當然，這不是要你隨便刪掉不討喜的留言，把牴觸自己立場或要求作者反思的言論通通掃除。其實，不同的意見往往最有意義，可以逼對方更敞開心胸，面對不喜歡的事物，看待事物更宏觀。只是那種明顯來找架吵的釣魚留言，可就不在此限了！有些酸民見不得一片和平，只要發現哪個部落客會和留言的網友對話，就會故意去鬧板，然後蹺起二郎腿看好戲。

要是有機會看看我的部落格，你可能會認為我滿幸運的，看起來沒什麼人來釣魚鬧事。事實並非如此，我部落格上的釣客可多了，只不過我管理得當，會把釣魚留言刪掉，好維護這個小天地的寧靜祥和。《脆弱的力量》作者布芮尼．布朗向來不讀評論，因為「讀了無益有害」。我認同這個看法，但我不像她只想眼不見為淨，所以會主動管理，而且刪除任何留言之前，我還是會看過內容才下判斷。

我貼出對照圖之後，不到一星期就有酸民來了。有人質疑照片的可信度，說我一定是特意先整理過才拍照，把亂七八糟的東西都先遮起來或藏起來，看起來才那麼整齊簡約。還有人說，這個居家環境看起來「沒有靈魂」，住在裡面的人一定也死氣沉沉。不過，大多數質疑的聲浪都針對我的衣櫃，說：就這麼點衣服，哪天有約會的話要穿什麼？「難怪上個月會被甩唷～」某條留言說。

為了反駁酸民，我用魚眼模式完整拍攝了公寓內部，但那個說我刻意整理過的人還是不肯相信。我也試著解釋，大掃除後的環境待起來很舒服，但感覺不到「生命力」的人依舊感覺不到。就算我穿上所有適合外出赴約的服裝，一一拍照上傳，愛說我疏於打扮的人還是不會改口。通常我不把這些釣魚留言放在心上，但酸我「難怪被甩」的留言真的傷到我了，畢竟和安德魯感情觸礁的事才剛過不久，傷口還隱隱作痛。殊不知，沒過幾天，居然也有朋友發表類似言論，無疑在傷口上撒了一大把鹽，更是痛上加痛。

＊＊＊

我跟這位朋友相處過的時間其實並不多。如果好朋友的定義是你經常混在一起的人，還願意告訴對方內心最深處的秘密，那這位朋友可能稱不上「好」朋友，但我們的關係也確實夠好，所以她的話才會讓我這麼受傷。

她看了那篇前後對照圖的文章後，打電話來表示她非常驚訝，不敢相信我家變得那麼乾淨又整齊。「我真的嚇到了！」她驚呼：「不然你來幫我好了？」於是我們討論怎麼處理她家最亂的幾個部分，比如書桌上有成堆的紙張書本，和一堆從沒實踐過的計畫草稿。她的櫃子塞滿鞋盒，但大部分的鞋不是沒穿過，就是久久才拿出來一次；衣櫃也不容小覷：「就是一個『滿』字，真不知道該從哪開始整理。」她說。我還來不及笑她或給個建議，她又立刻補上一句——這句話不只劃清讓我幫忙的底線，也踩到我的警戒線：「如果是衣櫃，就不學你了。你那些衣服怎麼穿出去約會嘛？」

問題來了。光是她的話，或者之前的釣魚留言，都不足以撼動我的內心。

我向來是個穿著變化有限的人，這從來也沒影響我找對象或約會。要說的話，之前的約會對象裡，也沒人光靠打扮就吸引我，不管他們穿什麼，都不影響我對他們的評價。然而，朋友那句話卻讓我重陷困境——本來我早該從那裡站起來往前走。當下我實在很想回一句：「你怎麼穿我都沒差，所以何必管我？」可是實際上，我什麼也沒說。

每次遇到類似情況，我總是這樣默默吞下。

回想二十四歲時，我決定不再吃肉，改採素食，如此維持了四年。吃素期間，每次聚餐都要解釋為什麼不點肉類，頗費唇舌。因為別人都認為吃素一定很不方便，搞得好像我不吃牛、不吃豬、不吃禽類或不吃魚會連帶影響他們，讓他們也不知道怎麼點菜了。每次參加烤肉派對，我都做好心理準備，知道有人會問我要不要加點胡蘿蔔或鷹嘴豆泥，好搭配手裡的素漢堡，還有人會在我面前放一堆生肉，問：「你真的都不想吃喔？」雖然我通常會嘻笑帶過，但每次都很想回嘴：「你要吃肉是你家的事，所以，拜託別管我好嗎？」可是實際上，我什麼也沒說。

決定戒酒的時候，也是類似的情形。只是不像吃素，戒酒顯然更容易貫徹始終，而且戒酒之後，別人可以明白看出我在各方面都變得更快樂，身心也更健康，所以大部分人不會質疑我戒酒的決定。但總有少部分人冷嘲熱諷，話也很傷人。「你以前比較有趣。」所以我現在是很無趣的人？「要是今晚你也來就好了，不過不勉強，不給你壓力！」好，真是很沒壓力咧。「那以後就不能醉後再做了！」這是之前某個約會對象說的，講得好像醉醺醺上床很好玩一樣。有時參加派對，別人還會介紹我是「眾人皆醉她獨醒」，再塞給我一杯香檳說：「只喝一點，沒關係啦！」

其中我最不想聽到：「你以後真的完全不喝？」討厭程度僅次於「你真的不想吃肉了？」當然想啊，這就好比跟一個交往十四年的對象分手，或戒掉維持半輩子的習慣，然後要完完全全都不能再想念，說不想是騙人的。「不、要、再、問、了！」每次我都好想吼回去：「你愛怎麼喝都是你的事，幹嘛一直干涉我？」但想歸想，偶爾我最多也只擠出一句：「不會啊。」就沒辦法再說下去了。大部分時候，我還是閉緊嘴巴，一聲不吭。

剛開始實踐消費限制時，我也想得太單純了，沒料到別人對我戒酒和吃素的質疑，還會再捲土重來。我以為，喜歡血拚的同溫層很薄，應該沒什麼人會出來指責我。我丟我的，不想買新東西也是我的事，沒人會有意見吧？反正又不影響別人，顯然我想得太美了。

除了被嫌棄衣櫃太寒酸，還有另一個朋友也反對我的消費限制，希望我快快解禁，好結伴去暢貨中心逛個盡興。其實設下消費限制後，我還曾陪她逛街兩次，但對方無法忽視我不買東西的現況，反讓我有種尷尬感。另外有次，我去多倫多洽公，同事看到我就問：「購物限制進行得怎麼樣啦？」然後用一種「這人瘋了」的表情打量我。他們還說：「你就一個人慢慢玩吧。」同時，放眼望去，全辦公室的電腦卻都停留在購物網站畫面。

有時候，朋友還會鼓吹我一定要買某些東西，也不管我到底有沒有興趣。他們會說「買了一定不後悔！」「努力這麼久了，稍微犒賞一下自己嘛！」其中「人生就活這麼一次，開心一點啊！」這種論調最討厭了，我已看過身邊太多朋友一面講著這句話，一面刷卡揮霍，結果債台高築。我由衷希望，這句話和「對自己好一點」可以永遠從世界上消失。沒錯，**我們都只活一次，是該好好享受人生，但把預算當兒戲，動不動就亂花錢，欠下一屁股債可不是什麼享受**。欠債可不是開玩笑的，講再多勵志小語也救不了財務困難。我對這一切再清楚不過了。

不過，儘管不喜歡朋友說的那些話，我也從不對他們生氣。就算硬要拉我去買東西，或說服我買東西，或說我應該享受花錢的感覺，我都不怪他們，因為這是人之常情，他們想必也是從某處學來，然後如法泡製。曾有朋友主動遞酒給我喝，鼓勵我玩個通宵，也有人建議我乾脆用藥或吸毒，可以更容易保持清醒。還有人開開心心地自行暫停健身，提議叫個大披薩一起吃。現在，他們會極力想說動我買東西。不論要慫恿我做什麼，這些情境其實大同小異，我也不否認，有時候角色還對調過來，我也曾大力說服別人。

要舉出具體例子，還真想不起來，可能是我已自動封鎖這些記憶吧，就像人常會刻意淡忘某些過去，假裝那個不討喜的自己不曾存在。但我很確定，我的確曾說服朋友放棄原則，說偶爾一起做點壞事又沒關係，因為對任何事物上癮的時候，就是這副德性。如果是某種圈子的同類，也會這樣說服彼此。多年來，我交過很多朋友，也總是將他們分門別類，例如：有些是酒友，有些會一起嗑藥，有些可以分享垃圾食物，還有一些人是逛街良伴。假設要跟某人一起大吃外帶餐點，我就不會再找喝酒的同伴來。我偶爾會跟同一群人一起哈根菸和吃垃圾食物，但一般來說，我分得很清楚，不喜歡混在一起。可是不管哪一個小圈圈，身在其中的人總是互相影響。

其實真正的問題是：在這些朋友眼中，我的行為等同背叛。我二十三歲時戒掉硬性藥物，二十五歲又戒大麻，正式跟藥物成癮說再見。到了二十七歲，我連酒也戒了。雖然很難保證不吃不健康的食物，但身體越健康，我確實越有自覺，能注意自己把什麼吃進嘴裡。後來，我越來越少邀朋友大吃大喝，自己也不這麼做了。儘管嗑藥、抽菸和喝酒是完全不一樣的世界，擺脫成癮的過程卻都有同樣的意見湧來：先是有人跟我開開玩笑，然後認真想反駁我，不斷叫我回想過去美好的體驗，甚至還有人求我別放棄共同的興趣，擔心友誼無法維持。

老實說應該沒有人真心在意我的消費限制，若真有朋友勸我別試了，我也不會發火，因為他們真正想法應該是這樣的：我本人拒絕購物，等於從此不能再進行共同的友誼儀式，也不能再維持購物夥伴間的情誼。他們再也不能和我享受一起買東西的樂趣、討論自己的血拚戰績，或分享省錢小密技。

和戒酒相比，我知道飲酒文化根深柢固，也是許多場合談論的話題，但我從沒想到購物和花錢有這麼重要，竟也引起這麼大的反彈。看見沒？我之前想得太簡單了，太小看這件事的影響了。所以，就算朋友認定我自命清高，打算遠離大家談論的話題，我也不能對朋友發飆。

久而久之，朋友紛紛在我面前避談逛街心得，就像平時大罵髒話的大人，在孩子面前就會謹言慎行一樣。一群人聚在一起時，如果有人要分享心得，都會先說一句：「抱歉啦，凱特，你應該不會想聽吧？」原來我應該摀住耳朵不聽嗎？還是躲到角落？到了最後，只要是跟花錢有關的事情，有些人就開始不想邀我參加。這些人好像完全無法理解限制消費實驗，又擅自認定既然我不能逛街買東西，那花錢外食一定也不行。

這樣扭曲的誤解還滿傷人的，好像尋求自我成長，就等於放逐自己，什麼事都只能當邊緣人。這處境有點像回到中學時，總有些能力不錯的孩子，想顧好學習和成績表現，又怕同儕當他們是書呆子。因此，遇到這類情形，我都想告訴朋友，我想改變，不代表我會拉著他們一起改變。「你要繼續享受購物樂趣，當然可以！不必在乎我怎麼做吧？」可是我什麼也沒說，我總是把話吞下去。不過次數多了，也會開始思考：**明知應該多存點錢，為什麼我們還老愛鼓勵別人花錢？**

＊＊＊

放棄一件人生中的壞事，就可能招來一件好事——這些年來，我已多次體悟這個道理。結束與克里斯那段有害無益的戀情後，我發現要追求學業和夢想還不嫌晚，後來辭掉公家機關的工作，我又瞭解自己真的能靠寫作維生。即便只是棄讀一本看不下去的書，也很有幫助，因為我就能把時間留給真正想看的書了。對於不能理解我的朋友，也不如放手，把心力放在能懂我的人身上。

改變生活習慣後，有些友情漸漸淡了，卻也得到很多新的友誼。比方說，我現在和凱西很要好，上次不僅跟她去了波特蘭，平常也是半個月就見面一次。跟凱西在一起，我能自在地討論買不買東西的問題（當然不是真的要買），因為我們同行，又都瞭解克制消費慾望的不易，自然聊得來。她也是我見過最樂觀的人，她的活力可以感染別人，而我正好需要多點活力。見面時，我們不是約在溫哥華吃早午餐，就是在滿地寶市散步，走著走著，最後通常會去吃岩石角冰淇淋。畢竟，我偶爾也想來一球海鹽焦糖冰淇淋嘛。

另一個散播能量的好友是譚雅，是我搬到滿地寶市後交的第一個朋友。如果突然想去爬山，第一個打電話找的就是她。每半個月，我們會相約探索滿地寶和匹特草原間的登山步道。如果譚雅帶她的狗來，二人一犬一起到邦森湖漫步三小時，正是我的私人最愛行程。我們從不走馬看花，總是步伐悠閒，語調輕鬆，盡情享受。

不過，當初決定進行消費限制時，第一個知道的是死黨艾瑪。我們在維多利亞市一家雜貨店工作時認識，當時她十七歲，我快滿二十。儘管有三歲的年齡差，相處卻很愉快，因為我們都很脫線，開玩笑也一樣粗魯，穿著同樣上身米色、下身黑色的同款制服，看起來就是一對好姊妹。雖然同事關係只維持兩年，友誼卻從此長存。

我和艾瑪無話不談。她是第一個知道我有多少負債的人，也是第一個收到我部落格連結的人。決定多健身、少喝酒，到後來想乾脆戒酒的決定，我也都第一個告訴艾瑪。不論我身在何處，生活中的大小事，艾瑪一定最先知道，反之亦然。

隨著年歲增長，我逐漸明白，朋友可以分為兩種：一種會阻止你和酒吧的陌生人回家，另一種非但不阻止你，還會事後吹捧你酒後亂性的行為。第一種朋友會按表操課上健身房，另一種卻會旁觀你吃掉兩個起司漢堡、一份薯條和一杯奶昔，還安慰你：「今天過得太糟了，對自己好一點，沒關係！」如果你說最近好想買某個實際上不需要的包包，第一種朋友會勸你別亂花這三百元，另一種卻會立刻載你到最近的店家去買。要討論某件想做的事，或者想要的東西，人總會挑對象來分享內心的掙扎，這時往往挑的是會替我們找理由的人，畢竟忠言逆耳。艾瑪則是屬於會勸人走上正途的那一類，因此我對她坦承不諱，願意把大小事都告訴她。

實行消費限制幾個月後，我傳訊息告訴艾瑪，說我感覺到好多力量在拉著我，慫恿我重拾購物樂趣。訊息內容如下：

有些還滿理智的：「我有點想換新床包。」

有時瘋狂尖叫：「救我！只差按一下滑鼠，我就會全部買下來了！快阻止我！啊啊啊！」

到自我懷疑：「糟糟糟糟糟透了，我幹嘛自討苦吃?!」

艾瑪幾乎每次回覆都會先大笑兩聲，但她的笑聲從不讓人覺得難堪，因為我知道她不是笑我。我們會很激動地討論，說我傳的那些訊息未免也太誇張，說我竟然這樣就想放棄。她笑成那樣，真的不是要嘲諷我，因為那些內容確實搞笑。每次笑完之後，她就會重申我之前講過的話，像是施魔法般把我推回正軌，繼續做原本進行的事。她會說：

「你要買的那個，有在可購買清單上嗎？要不要換成清單上的東西？」

「親愛的，你可以啦！昨天你不需要那東西，今天當然也不需要。」

「你做得很好啊！一次決定一件事就好！做該做的事就對了！」

她真是我的專屬啦啦隊，也是成功關鍵。之前我能還債，有部分原因是為了給部落格讀者做榜樣，但艾瑪還是給了我最大的助力。當然，我們有時也會出錯，比如剛認識的前十年，仍會縱容彼此做些沒好處的事，但我們始終不隨意批評，因為雙方都很清楚，彼此都會很快回頭。如果回頭的時間太長，另一方便會伸出援手，拉她一把。

最後，來說說克萊兒吧。她的部落格主題也是個人財務管理，因緣際會就彼此認識了，我寫的是還清消費債務的過程時，她寫的是償還學貸的方式。她的文風機智有趣，平常也撰寫廣告文案，根本就是天生要吃這行飯的，而且在我的朋友裡，克萊兒也是少數滴酒不沾的。

在我戒酒成功前，曾經寫電子郵件給一個專談戒酒問題的部落客。我向這位筆名B的女子訴說心中的憂慮與不安，可說是掏心掏肺，赤裸告白。結果，她沒有我想的那麼陌生，因為寄信幾個小時後，我收到一封回信，內容簡短但溫馨：「親愛的，在我回答你的問題前，得先說一聲：其實，我就是克萊兒，B就是我。」網路世界真是充滿驚奇，二度把兩個志同道合的人湊在一起。從那次通信之後，我們就成了好朋友，她是我的戒酒好夥伴，我也是她的清醒好盟友。克萊兒有一頭紅髮，正好反映她的熱心與支持的力量。她是我「生死與共」的朋友，可以陪我走過任何難關。不過，我們認識了兩年才見面，還是在她的婚禮上。

網路交友最大的優點和缺點，莫過於雙方通常相隔兩地，住在不同的城市。克萊兒住丹佛市（美國科羅拉多州首府），與我相距二千多公里遠，平常想一起喝杯咖啡根本不可能，但距離無損我們的友情。她邀我參加婚禮，我二話不說就答應了。我當然會參加，能收到邀請真是榮幸之至，而且我也想見見網友本人。

本來我的計畫是帶安德魯一起參加，雖然後來戀情告吹，我仍決心完成這趟旅行，並且成功把旅行花費控制在預算內。每個月，我會撥出一筆錢投資退休基金，但也會保留一些旅行支出的額度。過了二十歲，我沒事就抱怨沒錢旅遊，現在因為有消費限制，總算是擠出這些錢了。事實上，我頗有餘裕地買了來回機票、訂了飯店、留了飲食預算，甚至有錢能租車四天。我利用飛行點數和折價券省錢，不過整趟旅行的費用，仍在我能力範圍內完成。

丹佛位在海拔一哩高處，別名「哩高城」，這是我第二度造訪該地。上一次來，我忙著開會，也沒機會走出市區，這次終於有機會到丹佛郊區看看了。所以，除了參加婚禮，我也打算找好友凱拉到附近山區走走。凱拉也經營一個財務主題的部落格，在我的人際圈中，凱拉和克萊兒是唯二的財務主題寫手。而且，凱拉也有冥想的習慣，除了她，我真是找不到別人分享這些「身心靈」的話題了。

一早醒來，凱拉便開車來接我。我們在兩個隨行杯裝滿咖啡，打算在路上喝，到莫里森買早餐吃，再前往紅石公園。這一趟出遊，我學到喝水的重要性：如果你身處海拔將近兩千公尺的山區，最好喝下平常兩倍的水分，避免脫水。爬完露天劇場的階梯，我已近乎缺氧。我站在這著名的兩塊巨石中間，感覺有些頭暈腦脹，不過我自小生長在太平洋沿岸，熟悉的是海洋和沿海山地，如此巨大紅岩，當然讓我大開眼界。真不愧是新自然七大奇觀的角逐者，真高興有機會能親眼見識。

當天稍晚，我和克萊兒，以及她的未婚夫德魯同行，前往朋友為他們舉辦的派對。這一次，我的介紹詞終於不再是「眾人皆醉她獨醒」了，而是克萊兒的死黨。「凱特很會寫，你應該去看她的部落格。」克萊兒奮力地在派對音樂中大聲介紹我：「她最近在寫她為期一年的消費限制實驗——超強的，對不對？」多虧她熱心介紹，我才能和在場的人打成一片，不再只是個不喝酒的邊緣人，而是別人會想結交的朋友。

隔天就是克萊兒的婚禮，我又認識了新人更多的親友，其中有個人也和我一樣滴酒不沾，那天我玩得好開心，跳舞跳到腳痛為止。美好的時光總是過得特別快，我和克萊兒匆匆道別，但場面溫馨，好像平常隨時能約出來喝咖啡一樣。我想，我們大概不會太快再見，不過總是後會有期。網路已經讓我們兩度邂逅，為我們的友誼居中牽線。消費限制也功不可沒，讓我存夠了錢，將現實生活中的我帶到她面前。

11月

清醒向前走

已戒酒

22個月

本月存款佔收入

30%

本月完成信心

40%

寫了幾年部落格，我發現，讀者的留言通常可歸為兩類（酸民不算），一種人受了你啟發，無條件支持你，另一種人也認同你的做法，卻會列出一長串理由來證明自己不能向你看齊。例如，都是另一半不肯戒酒（不想少上館子、不想節制消費……），所以自己也做不到；或是因為孩子不肯丟自己的東西，害他們不能好好整理家裡；或者平常工作太忙，得賺錢養家，放假又忙著找朋友聚會，還有一堆活動要參加，還有還有……反正，沒空。這一類讀者會認真地在小小的留言欄寫下自身經歷，也會分享心路歷程，寫得鉅細靡遺，有時候我都懷疑，這些事搞不好連他們的伴侶都不清楚呢。如果他們心情不好，就會打上冒號加一個上括號，表示傷心:(

不管讀者為何不能仿效我，我都相信他們。我一再強調，**個人財務就是個人問題，對某個人管用的方法，另一個人可能就行不通，其他問題也是一樣**。不過，曾有一種讀者提過的困難，真的令我感同身受，因為我也曾長久對抗同樣的問題：也就是嚴以律己久了，也會擔心過分限制，反而綁手綁腳，動輒得咎。

有人說，戒癮頭要一步步來，說戒就戒反倒容易放棄，不僅故態復萌，還會依賴更深。我的讀者最常用這個論點來質疑消費限制，也最常以此解釋自己為何不能跟進。這麼想的確也有道理，如果想到消費限制或許會改變人生，更會再三考量。畢竟，「購物療法」不只是字面上的意思，藉著購物來解決問題，獲得快樂，這個信念還牽涉到更深層的原因。就像朋友常對我的實驗冷嘲熱諷，也不足以逼我思考，真正有影響力的，還是我對自己說的話。在那些想要放棄的時候，我與自己對話，因此更認清自身處境——沒錯，我也想過要放棄，有一次還真的半途而廢了。

＊＊＊

七月份開始實踐消費限制後，我用了很多辦法，要在這一年內盡量避免接觸廣告，引起購物慾望。因為受不了廣告，好幾年前，我早就停掉有線電視，把電視就接到電腦，只拿來看網飛（Netflix）影片。但廣告難防，就算用電腦或手機上網，還是推銷滿天飛。網站上的廣告我管不著，不過社群媒體上有廣告設定，就從這裡動手吧。我進入臉書、推特和Instagram的設定，檢查追蹤對象，只要是商家，一律取消追蹤。我在這些平台上追蹤了書店、戶外用品店、家居飾品店和百貨公司，除了書店之外，真不知道當時為什麼會有興趣。就算相框、行李箱和浴袍大特價，那又怎樣？這些事很重要，不知道不行嗎？

如果是親友經營的事業，也該取消追蹤嗎？這就令人遲疑了。像是我朋友梅根經營的自然美容產品事業，我早就是老客戶，怎麼可能不追蹤？要是退追蹤，會不會讓她覺得我不挺她？其實答案正好相反，我當然支持朋友賣的產品和服務，只不過接下來這一整年，我得謝絕誘惑。

接著我打開電子信箱，這裡更是包藏禍心。幸好有種應用程式可以清理信件，幫我挑出一堆訂閱多年的電子報，共多達三百封，每封旁邊還替我安上一個「取消訂閱」按鈕。同樣的，這也是各家書店、戶外用品店、家居飾品店和百貨公司的電子報，那就比照辦理吧：取消訂閱、取消訂閱、取消訂閱、取消訂閱。按到一半，出現了航空公司和旅遊網站的訊息，如果繼續訂閱，就能收到折價券和快閃特價通知。這令我猶豫了一下，因為這一年我允許自己旅遊，所以要出門的話，不是應該想辦法省錢嗎？畢竟，我的部落格是寫個人財務的，正好切題！明明能省錢，實際上卻花了更多錢，這叫我怎麼對讀者說出口？我想了想，認為這話雖有道理，我最好還是別收到任何通知，否則看到優惠就心動，只會花掉更多錢。我繼續爽快地把信刪個精光，正慶幸從此耳根清靜，殊不知有個通知逃過一劫，到了瘋狂大特價的黑色星期五，又翩然出現。

＊＊＊

那是個平凡的星期五早上，我先沖個澡、泡咖啡、看點書，然後開始工作。真是寧靜悠閒的早晨，我不再擔心家裡堆太多東西，也不會動不動想去買外帶咖啡。一切如常，直到我打開信箱，看見一封信，通知我最愛的商店要舉行大降價：黑色星期五限時優惠，眾多商品買一送一，這本書七五折、那本書六折，香氛蠟燭半價和二五折，要買要快！一時間，眼前充滿促銷標語，大大的紅字熱情招手，在我趕緊把信扔進垃圾信件匣前，又看見超級優惠的電子閱讀器

——原價一百三十九美元，特價九十九美元。天啊，太讚了！上星期，我才答應讀者，要送一台電子閱讀器出去，正好還沒買呢。就這樣，我的拖延病付出了代價——真的是金錢上的代價。

然後，我又聽見那個聲音。

你在哪還能看到這麼優惠的閱讀器？

我對這個聲音太熟悉了，就像多年不見的朋友突然來電，電話那頭的聲音聽來還是如此熟悉，讓你內心瞬間溫暖又雀躍。一聽見那句話，我簡直像見到老友一樣安心，不禁卸下心防，聽聽她想說什麼。

你看，這麼便宜，沒見過吧？而且你也需要啊。

這聲音和我之間，可是交情匪淺。我跟她說過的話，可能比跟任何人都多，她對我太瞭解了，知道我愛吃什麼、知道我的能量來源、知道什麼能讓我振作，也知道什麼最能打擊我。所以，我很依賴她，相信她能幫我解決任何問題。畢竟，現在那台閱讀器已經壞了，真的該買新的，不是嗎？

你真的該買，而且你好久沒給自己買東西了。

我倆向來是彼此徵求意見的好夥伴，只要我站在選擇的十字路口，不知該往哪條路走，她就會替我分析利弊得失。這次也不例外，我來到個人財務問題的大難關，面對一個很簡單的問題：你花得起這個錢嗎？我很清楚答案，但我仍轉向她，尋求意見。

你需要買，你又好久沒給自己買東西了，而且也買得起！

我睜大眼，體內湧起一股手舞足蹈的衝動。以前，每當我順手買下兩瓶酒，心想愉快的夜晚即將來臨，便感覺刺激又緊張，腎上腺素一路跟隨。仔細想想，消費限制專用帳戶裡有七百美元，當然買得起一個閱讀器！想著想著，我幾乎就要立即行動，然後整個晚上手舞足蹈轉圈圈。可是，話說回來，我也不是那個會隨便帶兩瓶酒回家的小女生了，所以這輕飄飄的感覺，反倒讓我卻步。

那個聲音也發現我沒聽進她的話。

以後可能不會再有這麼棒的優惠了唷。

——有這句話就夠了。她很清楚，我也很清楚。

我忘了後續進展，反正我下訂了。我應該在網站購物車放了兩台閱讀器，確認訂單，然後按下「送出」。這種事我做過幾百遍了，跟早上起床換衣服，或整理自己的頭髮一樣，再熟悉不過。這不只是習慣，也是我的一部分。可是，我還真的不記得這整件事，不記得有沒有填任何資訊，或按任何按鍵。我只知道，隔天早上，那家店又寄了一封信來確認訂單。我什麼都不記得了，反正就在那一刻，我打破了消費限制。

＊＊＊

接下來會發生什麼事，我也瞭然於心。破戒一次，就會有第二次、第三次，最後全面失守。這種事我很習慣了，比方說之前節食，限制自己一天只攝取一千二百大卡，但只過了四天，我便說服自己，吃一小片黑巧克力沒關係。說好只吃一小塊，結果吃掉了一整條巧克力。少開玩笑了，什麼爛節食，根本做不下去，乾脆停了吧？於是我開車去雜貨店，買了一份冷凍披薩和一小片巧克力乳酪蛋糕，都是我一直想吃的東西，那一點黑巧克力哪能滿足我？節食真蠢，我心想，以後再也不幹了。我買了「真正的」食物回家，然後馬上吃光，我好像前一分鐘還提著購物籃，下一分鐘就看到桌上有兩個空盤，盤子上有把用過的叉子和一點麵包屑。儘管我自認失憶，裝披薩的紙盒、放蛋糕的塑膠盒和收據，就是最好的證明，證明我在短短幾分鐘內，一下吃了這麼多東西。

從小到大，飲食性失憶已是家常便飯。小時候，我會半夜溜進廚房，從碗櫥偷拿餅乾回房吃。本來只想吃一兩片，回過神來，卻總發現餅乾包裝已空空如也，我還心虛地把袋子藏在垃圾桶最底下，免得有人發現。如果埋得夠深，也許連自己都不會看到，那就可以忘掉這回事。最致命的吸引力還是萬聖節糖果。要是爸媽太早準備，一定被我早早解決乾淨，他們只好再買一次。當時我真不懂，為什麼十一月過了一大半，同學還能帶萬聖節糖果來上課？我自己的那份老早吃光了。有東西吃，我就吃，就是這樣。

二〇一二年，我又宣布戒酒，後以失敗告終，成為倒數第二次嘗試。當時我維持了四十五天不碰酒紀錄，然後覺得夠了。我好累，不想再跟別人解釋我為什麼不喝，也受夠別人的回應。那晚，我只喝了兩瓶啤酒，但接下來一個半月，我好像肩負重任，決定嘗遍每一種我看到的酒，好補償前面滴酒不沾的一個半月。喝醉之後，我記不得自己喝了什麼或做了什麼，反正我看到什麼，都有可能吞下肚去。

所以，「說好只來一點，最後全都吃光」這過程我再清楚不過。而且，最大的問題不是最後完全破戒，而是對自己說的話。減肥不成，我照了鏡子，抓抓圓圓的肚子，不禁咒罵自己，說乾脆肥死算了。反正，那些橘皮組織根本甩不掉，幹嘛在意？或者，早上醒來，看見身上的瘀青，便對自己惡言相向，因為那正是昨夜亂搞的證明。幹得好，你搞不好又在一大堆人面前跌個狗吃屎，搞得像火車翻肚一樣難看。又或者，一早醒來，發現自己還穿著昨天的衣服，地上有個空披薩盒——有時候披薩盒會在床上——又證明我前一晚放肆吃喝。這種時候，我都會厲聲咒罵自己，但通常也只罵幾個小時就過去了。

每次的失敗，最糟的倒不是破戒行為，而是發現自己說的話或做的事，違背自己的價值觀。比如說謊，不誠實說出我在哪裡、我和誰在一起或我在做什麼。為什麼朋友還願意跟我說話？我自問。我這麼糟糕，我不僅有罪惡感，也羞愧不已。**《脆弱的力量》**作者**布芮尼．布朗曾說：「要傾聽羞愧感。」**她在她的第二場TED演講提到，**罪惡感是覺得自己「做錯事了」，羞愧則是「我壞透了」**，而我總是與羞愧為伍。

我會告訴自己，我的人生很失敗，根本不可能變得更好，不如接受現實，就這樣繼續失敗下去吧。同樣的聲音曾勸我往好的方向改變，也曾說服我走回老路，接著又出來訓斥我。我太瞭解這個聲音了，一直都那麼相信她。我相信不論她說什麼或做什麼，都是為我好。然後，我承受她的辱罵，並自認活該。放縱與自憐於是不斷惡性循環，維持多年，我完全相信她，因為她就是我。

然而，我看著信箱裡那封確認訂單的信，知道自己再也不想跟她一夥了，我也不想再隨便破戒了。

＊＊＊

亂買閱讀器之前，我的購物性失憶已經好久沒發作。有人可能會說這是衝動購物，但對我來說，沒有任何記憶，事情就是發生了。這就好像昏迷了六十秒，醒來腦中一片空白，手裡卻拿了張收據。不過，這次收到訂單確認信時，腦中出現的是個陌生的聲音。她聽來不像是我認識的人，除了有點受驚，基本上這個聲音聽起來很愉快，而且振奮人心。

你不需要新的閱讀器啦！舊的那台還好好的！說不定，你只要把大頭針塞進重設按鈕，就能重新開機了。說不定行得通！那就不必換新了。

最後，她給了個很新鮮的建議：不如取消訂單？試試看嘛！

這是種全然不同的衝動，不僅能幫我省錢，還能幫我從已有的東西尋找快樂，而不是鼓吹我花錢。我覺得很緊張，不知道新方法行不行得通。這大概是我第一次嘗試取消訂單，很擔心會失敗，心中忐忑不安。結果，取消是可行的——正確地說，我成功取消訂購一個閱讀器，另一個仍買下來，要送給部落格讀者。我鬆了口氣，大嘆一聲，鄰居大概都聽見了。好吧，如果他們聽到了，可能以為有什麼驚天動地的大事，殊不知我只是取消一筆訂單，阻止自己浪費九十九美元。

我很慶幸自己能懸崖勒馬，但接下來兩星期，我仍猶疑不決。而且，那個老朋友的聲音也不時出現，她的目的只有一個，就是要勸我買東西，然後羞辱我。好啦，某種程度上她也沒錯。我的確打破消費限制了，雖然時間很短，破戒就是破戒了。這已經夠讓我覺得失敗。我已經撐過五個月，沒有買任何不需要的東西。為什麼這次要說服我破戒？這些規則已經實行一百六十二天，為什麼要打破？就見不得我改變嗎？

我大可讓羞愧感入侵內心，然後沉浸在失敗的感覺，最後完全放棄消費限制。可是，我知道，稍微破戒沒那麼嚴重，我不會因此變成一個爛人。我才不是爛人，也沒做錯事，只不過稍微失足。**我很清楚不想再重蹈覆轍，陷入自艾的惡性循環，那樣只會造成更多麻煩。要避免麻煩，勢必得除掉羞愧感的養分：秘密。因為不敢說出口，反而使羞愧感不斷增生，累積得更加龐大。**從沒有人知道，我說服自己做錯事，心裡覺得多慚愧、多丟臉。我得傾聽羞愧感，誠實面對自己，向讀者坦白一切。

於是，我寫了篇新文章，題名〈最頑固的壞習慣〉，並在這篇文章宣布要送閱讀器。我告訴讀者，明知不該做的事，卻又說服自己去做，這就是我最糟的壞習慣，並分享我發現此事的過程。不過，更難改變的卻是不一味羞愧。我已經學到，就算下錯判斷，也不代表我是爛人，應該要接受自己的人性。寫好文章後，那個老朋友般的聲音又來了，這次想說服我別按下「發布」：你真的要告訴全世界，說你破戒了？你真的要承認自己軟弱？

不，這一點都不軟弱。現在我能看清我的所作所為，知道「想」和「做」是兩回事，也對事情抱有不同以往的看法，顯現出我已進步良多。面對自己是個挑戰，我也從中獲益，學會當一個理智的消費者。我很清楚，我才不需要什麼電子閱讀器，要是真的買下，就是衝動購物，這可一點也不明智。

當然，外在影響無法避免，比如平面和電視廣告，不可能銷聲匿跡，我也不可能永遠不進購物中心或不逛線上商店。不論我取消追蹤多少商家，還是會在社群媒體上看到相關資訊。就算只是看到朋友的照片，他們穿的衣服或用的背包，都是吸引我消費的潛在因素。還有，很多人會在部落格上分享本季必讀書單，也讓人不免心動。而且，總會有人批評我的做法，有意無意動搖我的立場，因為人總愛對別人品頭論足，如果你決定做點不一樣的事，一定會有人質疑你。**這都是無法避免的，正如很多事仍會引誘我動念購物。這些就是外在影響，我們不能阻擋，但我們可以改變自己的態度；改變，就從自身開始。**

12月

創造新傳統

已戒酒

23個月

本月存款佔收入

10%

（這個月又到處旅行）

擺脫的多餘物資佔所有物品

54%

經過黑色星期五的衝動，不到幾天，我又跳上飛機，前往多倫多的辦公室。

不知不覺，工作變成了一個痛點。話說從頭：兩年多前，我進了現在的公司，當時公司很小，只有六個人，第一天上班我還嚇了一跳，因為辦公室就是老闆家的客廳。我辭掉市政府的工作，大老遠來這裡，就為了坐在別人家客廳打字？還要自備電腦？原來外面的世界是這樣子？我大受打擊，不過衝擊很快消退。不久我就發現，正因公司小，才能親眼看見努力的成果。在市政府上班時，工作步調很慢，食之無味，也得不到任何人肯定，但在這家小公司，可以每天看見待辦事項一件一件完成，而且知道自己做的每件事都有意義。在這裡，我們可以追蹤數字、分析數據，然後從數據上看見工作的成果。這種感覺很好，很踏實，也很新鮮刺激。

那時每天上班都有新挑戰，現在想來還是很令人回味。有時候，我守在編輯的位置上，負責寫內容策略，也處理寫作計畫。有時，我會幫忙寫資訊圖表的內容，再接洽平面設計師，把圖表做出來。有時，我還得規劃長期專案，這類工作要動員好幾位特約作家，所以我負責去招聘人才、派發工作，然後在網路上發布數百篇的內容。

不過，最難忘的還是同事之間相互扶持。主管不在時，每個人都得幫忙買文具或補廁所的衛生紙。大家都幫忙接過電話，或為使用者做網站導覽——這通常是一整天最累或最好玩的工作，視情況而定。如果老闆開會遲到，我們就幫忙招呼來賓。每次，客人一發現本公司設立在私人住宅內，他們的反應都令我自豪。這件事再也不丟人了，因為我們本來就是剛起步。工作的地點不重要，只要別人認同我們做的事，那就夠了。

後來，我搬回卑詩省，開始在家工作，但仍和其他同事保持團隊合作。一開始，辦公室裡有五個人駐點，包含我在內的三個人則採遠端作業。兩年來，我們的團隊已經成長為二十人，大部分是最近半年才加入的新血。現在，遠端作業的人數已比不上駐點人員，我們只佔五分之一。這裡說的「我們」指的是我和那幾個開發人員，我想他們應該不介意遠端作業，也不介意變成邊緣人。開發工作的本質就是單打獨鬥，想來他們也不喜歡在辦公室整天受打擾吧。

可是，我還是懷念一群人合作無間的日子，在家工作反而感覺分外疏離。團隊不斷成長，新成員我卻一個也不認識，彼此陌生，更不可能建立緊密的關係。我曾寫信給他們表達善意，也提問想瞭解他們，又安排雙方見面，進一步聊聊。見了面之後，卻赫然發現自己錯過好多事，比如因為住得太遠，沒人會找我去開會，也沒人告訴我團隊現在在做什麼。

畢竟，如果工作上遇到問題，只要轉頭問身旁的同事就能解決，何必捨近求遠？我知道這很合理，卻發現我連自己的專案都無法參與討論，心裡實在不好受。

不僅如此，還有別的。做了一陣子，工作本身漸漸失去魔力，不像剛開始那麼有成就感了。我發現自己心神不寧，害怕又要寫一篇純粹用來衝搜尋排行的文章。我開始想念過去六人小團體的美好點滴，想念彼此分享生活的日子，我們曾像家人一樣親密。每星期，一群人都要在同一個客廳裡共處五十個小時以上，共用那幾張沙發，用同一座爐子生火取暖。不管那算不算辦公室，這個空間都是大家用來休息和聊天的地方——對，這是我們工作的地方，也是休閒放鬆的空間。到了十一月，我們會準備一棵聖誕樹、在爐子裡生火，然後邊工作邊聽聖誕歌曲。

如今，公司已經搬到國王東街的辦公室，整個團隊又往前邁進一步，也得到需要的正式辦公場所，但整個過程我只能被排除在外，毫無參與感。新辦公室四周是白色牆面，室內擺了同色家具，同事都對新裝潢愛不釋手，我進到這空間，卻老覺得像誤闖的外人，渾身不自在。這感覺就像是，辦公室裡再也沒有我的位置了。這次進公司，沒有彌補自覺邊緣的失落感，反而讓我覺得更糟。

這次到多倫多是來參加員工聖誕派對。我們首度舉辦時，剛好是我開始戒酒前的最後狂歡，可想而知，我當時玩得頗瘋。那晚，我整整跟別人換了三次衣服，最後穿走一件洋裝，原先的牛仔褲掉在酒吧。幸好酒品不差，沒惹什麼麻煩，清醒之後，反而看到同事紛紛捎來留言，說我昨晚「真可愛」、「真好玩」又「好好笑」。酒國英雌，派對女王——我明明討厭自己醉得不省人事，這些留言卻又指證歷歷，讓人無從否認。

一年後，公司二度舉辦聖誕派對，我也沒錯過。這是戒酒之後我參加的第一場派對，我穿上新買的藍綠色洋裝，配上一雙黑色漆皮高跟鞋，開心出門。當初在店裡試穿這身衣服時，我還想著：「二十八歲的妙齡女子，參加派對就該這樣穿。」進了派對，卻赫然發現，自己宛若誤闖成人世界的小孩，外表打扮得成熟，實際上還是未成年，請勿飲酒。看著身邊的同事大口喝酒、大笑玩鬧，東倒西歪亂成一團，那景象看來卻又好美。那晚，我一滴酒也沒喝，感覺裹在這身衣服裡的不是自己，再也無法融入這些人這些事了。那場派對的大部分時間，我都和幾個朋友躲在廚房，越過他們的肩頭，望向另一邊的喧鬧，暗自嫉妒其他人玩得好開心，我卻只能在這裡乾瞪眼。

又過了兩年，隨著戒酒的時間長了，滴酒不沾參加派對，感覺已不那麼糟。這次，我再也不怕當那個全場唯一不喝酒的人，反而興奮不已，很期待再見到大家，尤其是當年的六人小組。到了派對上，我也努力和新成員打成一片，無奈這不再是我的強項。明天早上想必不會有人傳訊息來，說我玩開了之後有多可愛、多好玩又多好笑。雖然滿屋子生面孔，我還是認真地想和他們混熟，想多瞭解彼此。聊天過程中，有幾個人提到，他們看過我的部落格，還有個女孩子說自己是忠實讀者，受我啟發，六個月前也開始採行消費限制。她仿效我，列出限制期間允許自己買的幾樣東西，然後分享她的財務問題如何獲得改善。我們也聊起從前會在哪些東西上亂花錢，暢談清理多餘物品的收穫。因為派對音樂震耳欲聾，我和她幾乎是對彼此大呼小叫，才能讓對方聽見，但難得有人能和我聊這些話題，感覺真是好極了。幾個月來，我常因為脫離團隊，感覺孤單疏離，如今能這樣與人相談甚歡，又讓我找回一點歸屬感了。

幾個人聊著聊著，便往吧台移動。公司的某位股東充當酒保，替大家調酒，他身材高大，事業成功又為人親和，卻又散發一點威嚴，讓我有些怕他。畢竟，他算是公司的老闆，付我薪水，每年同意讓我加薪，還願意讓我搬回卑詩省在家工作，總之我很尊敬他。他替每個人倒酒，輪到我時，我走上前，他問我想喝什麼。「她戒了啦！」某個同事大叫著說。同時，我正好說想要來點聖沛黎洛氣泡水果飲料，結果，股東先生好像不在意我不喝酒，也不在意我點什麼氣泡飲料，只是轉身替我拿了一瓶，問我想不想再要只玻璃杯和一點冰塊。就這樣，沒說別的了。

他沒把這件事放在心上。但我有。

每當有人大聲廣播，說「她戒了啦！」那感覺就像在一張紙上寫下了最深沉黑暗的秘密，緊緊壓在胸口，卻被人給一把搶走，還在眾人面前大聲讀出，告訴全世界你有多軟弱無用。或者，好比你才剛戒酒，別人就在你額頭寫上「因為酒品很差」，或單單「酒鬼」兩個字，都有十足殺傷力。這種時候，別人好像只用一句話就衡量我整個人的價值，把我當成全公司茶餘飯後的笑話，不會有人先尋求你的同意，想開玩笑就開。**不知為何，很多人會擅自替你宣布戒酒狀態，好像只是告訴別人午餐吃了什麼，感覺不痛不癢。他們哪裡知道，戒酒是種選擇，午飯卻不能不吃，兩者根本不能混為一談。**

我很想說，剛戒酒那兩年輕鬆愉快，可以笑看那些受人矚目的窘境，或運用機智來轉換話題，但事實不是這樣，那時的我離坦然面對還差得遠。像那樣擅自宣告我的狀態，讓我心裡很受傷，也一再提醒我，自己恍若一種珍奇異獸，淪為別人品頭論足的對象。我真的不想再被當成滴酒不沾的怪人了，我不只有這樣無趣的一面，對吧？

離開那場派對後，我回旅館睡覺，隔天一早便趕往機場，歸心似箭，只想快快回家。

＊＊＊

一抵達溫哥華，我就去停車場取車，開到客運碼頭，等著上船。通常要從溫哥華回家，得先花些時間等船、搭船九十五分鐘、再花半小時開車回爸媽家，一共得耗掉四個小時。因為旅程如此曠日廢時，很多當地人不喜歡搭船往返，但我算是樂在其中。在航程中，我通常會窩在車子裡，看點書或用筆電看電影，或乾脆睡一覺。我猜，這輩子大概已經在渡輪上睡了五十幾小時吧。

這一次，我決定在維多利亞市度過今年的最後幾天。在這裡，沒有人會問我幹嘛戒酒，或質疑我做的任何事情。這裡的人，尤其是自己的家人，會全心支持我，如果真的做出改變，他們還會替我高興呢。

我知道有些人不喜歡回老家度假，無法想像整整兩個星期都要擠在家裡那個小小的客廳。從小到大，我也到過朋友家和前男友家，結論是我們全家人的關係算是異常緊密，真的很少有家人之間關係這麼好的。小時候，我以為理當如此，長大後才學會珍惜。有一年的聖誕節，那時艾莉還在唸維多利亞大學，就住在家裡，班已離家唸亞伯達大學，但也會回家放兩星期的假。佳節愉快，我們將一家團聚，這樣過年真是再好不過。

這次，我最期待的是在消費限制期間過節，很好奇到底會是什麼感覺？我從小到大都不是特別虔誠的基督徒，但宗教在生活中仍舊無所不在。我們三個孩子都待過教會辦的日間托兒中心，參加過聖公會，因為我爸的家族是從英國來的，有家族淵源。大部分朋友都去我家附近的教會，如果星期天早上睡過頭，我也會跟他們去。剛上中學時，每週四晚上，我固定和朋友上教會，參加青年團體的活動，維持了好幾年。

儘管不斷接觸宗教，我向來也不對宗教特別依賴。在我眼中，宗教的儀式和傳統美麗迷人，牧師布道總是意義深遠，唱聖歌的時候，我也願意引吭高歌，但是從來沒有任何宗教能打動我，或者讓我點頭贊同教義。我不會擅自代表家人發言，但我相信我們全家都不熱中任何宗教，因為在我們成長和生活經歷中，宗教扮演——和沒有扮演——的角色並未讓我們一頭栽入其中，成為虔誠教徒。所以，在我們家，聖誕節並無特殊宗教意涵，但交換禮物必不可少。啊，我是說，如果有禮物的話。

記憶中，有印象的第一個聖誕節是在四歲那年，我媽、阿姨和我，三人搭機飛往安大略省溫莎市，去探望外婆和其他親戚。那時我還小，也是當時外婆唯一的孫兒，不用說，大家都寵我。那年聖誕節早上，一早起來，我便發現外婆家的客廳堆滿禮物，等著我去拆封。

兒時的聖誕節回憶都是如此，特別是有了弟妹之後，三個小孩過節，禮物只增不減。禮物會從聖誕樹下「蔓延」到咖啡桌和邊桌上，客廳角落也不能倖免。那個年代，廣告鋪天蓋地而來，信用卡方興未艾，是消費主義崛起的年代，大家都想換大一點的房子、開更好的車、跟上最新潮流，總想要更多更多的東西。瑪丹娜有首歌，歌詞就在描述物質世界的生活，而我當時周遭所見，盡是如此，所以聖誕節和購物慾望掛鉤也不令人意外。

我想，我爸媽並不認為節日的意義只在滿足物慾，不會希望孩子學到的是這種觀念。但我仍然很難過，看著家人身陷如此消費主義的生活方式，把辛掙來的錢都花在可能用不到的東西上，我心裡只是難受——這些東西是真的用不到。聖誕節之後，「禮物」往往只是束之高閣，等到幾個月後某一天，打開櫃子一看，才發現家裡原來囤了這些東西。

幸好，隨著孩子漸漸長大，聖誕節堆滿禮物的傳統也過時了，我媽終於放棄在我們身上花同樣的錢，確保每個人拿到的禮物也一樣多的念頭。三姊弟只開口要幾樣需要和想要的東西，漸漸地聖誕節不再只是拿禮物拆禮物，家人相聚的時光變得更重要。實施消費限制這一年，雖然我允許自己買禮物送人，消費限制本身仍引起家人間的一番討論。

剛開始限制自己購物時，我承認當時心裡曾想著，聖誕節要列出一長列許願清單，趁機滿足自己。就來幾件新衣服或幾本新書吧！我當然並不需要，當時的我只需要換一雙新鞋，於是只開口要了這個。我媽問艾莉和班，他們想要什麼禮物？兩姊弟的回答也相去不遠，沒有人獅子大開口，他們還在上大學，卻已自認衣食不缺，沒什麼額外需要的東西了。我們都已經有能力負擔得起想買的東西，要我們隨意刷卡或用禮物卡大肆採購，反而感覺不自在。

在這樣的情形下，我們母女倆便考慮取消今年的交換禮物。家裡不是人人都能立刻適應，特別是我外婆，一時無法接受聖誕節不能送禮物給孫兒們。她老人家也不想花大錢採購禮物，但總想表示心意。這是傳統，她說，這話也沒錯，在我人生前二十八年，一向如此，對外婆來說，更是伴隨她一生的文化。畢竟，諸如此類的傳統是家庭關係的命脈，也是我們建立人際認同，獲得歸屬感的來源。要將長久的習俗連根拔起，好比剷掉共同建築的部落，然後叫大家從無到有重新來過，這樣的想法無疑一夕改變，當然受到了一些阻力。

後來，我們找出妥協方法。不再像以往一樣，浪擲上百上千美元買禮物，而是共同出資，彙集七百元，用這些錢來給全家七個人（我們一家五口加上阿姨和外婆）買禮物。選購禮物的規則很簡單：只能許願買真正需要的東西，而且每個人不能要求超過一百元的禮物。

買東西的過程毫不費力，因為不必再像以前一樣，漫無目的逛過整個商

場，**費心猜想對方想要什麼、喜歡什麼**。聖誕節早上，客廳看起來還和昨天沒什麼兩樣，聖誕樹下只堆了幾樣禮物，牆上掛的襪子也只裝半滿。從前，十二月二十五日一早醒來，大夥就衝進客廳拆禮物，然後各自度過這一天。這一年，我們全家一起做飯，共進早餐，接著花幾分鐘拆禮物，然後用力擁抱彼此，向家人說出感謝，感覺更加真摯而深刻。

之後，我們帶家裡的兩頭約克夏㹴——莫利和雷希——出門，開車前往柳林海灘。天氣不錯，晴日高照，空氣清冷，剛好可以看見自己呼出的熱氣，正適合散步。「丫頭們！」我們這樣叫那兩條狗，只見牠們在沙灘上和其他的狗互相追逐，我們則和那些狗的主人互祝佳節愉快。艾莉架好三腳架和相機，大家一起拍了有史以來第一張全家福。對，真的是第一張！弟妹出生前，我和爸媽一起合照過，艾莉出生後又拍了更多照片，但班出世後，到這一年為止，一家人未曾齊聚一堂，一起站在相機前，請別人幫我們照張相。

其實這批照片照得不太好，因為背後的光線太強，讓我們每個人看起來都黑了好多，我爸懷裡的狗兒們又不安扭動，只想掙脫。拍照的角度也不對，艾莉看起來比我還高，但實際上我明明比她高了至少十公分。不過，這些照片還是捕捉了有史以來最美好的聖誕節。很遺憾，這麼完滿團圓的聖誕節，是最後一次了。

1月

調整規則

已戒酒

24個月

本月存款佔收入

56%

本月完成信心

90%

除夕當天，我回到滿地寶市，邀請好友凱西來共度新年。當晚，我們準備了幾盤乳酪、餅乾、蔬菜和甜點，喝氣泡水，在暖爐前並肩而坐，看了幾部賀歲電影。到了十點鐘，我們早早互道晚安，午夜前便酣然入睡，真是美好又愉快的一晚，相信凱西也有同感。這樣的進行方式固然簡單，卻符合我近來的理想。

接下來，讓我們迎接寧靜無事的一月。本月份只有一趟旅行計畫：前往多倫多五天，又是公差。也好，這樣我就有更多時間在家，也能省下一些開銷。消費限制啟動後，這半年來進展順利，平均每月可存下19％的收入。在此之前，每個月能存的錢，只佔收入10％以下，而且我必須承認，少於10％的時候更多，所以目前的改變已令人心滿意足，當然我也相信自己能做得更好。至於每次去多倫多的開銷，因為一出辦公室，往往都和朋友共度美好時光，所以基本上都是吃喝玩樂的花費。

一月中，天氣寒冷，大多數人都窩在家休養生息，避開颼過水泥叢林的陣寒風，看來我這次去多倫多也是如此，不在辦公室的時間，只能躲在前室友珍的家裡，裹著身子窩在沙發上取暖，讓她的愛犬查理作伴。好吧，這樣也不錯，既暖心又省荷包，我準備好了，可以出門了。

一抵達珍的住所，眼前便浮現種種熟悉事物。屋裡四處堆放黑色塑膠袋，一個挨一個，從門廳走廊一路延續到起居室，還蔓延上樓，從樓梯堆到了房門口，其中偶也夾雜塑膠收納箱和紙箱。我不曉得這麼多袋子箱子裡到底都裝了些什麼，但我知道八成都是珍決定丟掉的，是她發現自己不需要的東西。珍也在進行大掃除。

我和她都出身維多利亞，從小一起長大。我們一家在我三年級時搬到珍住的社區，兩家住得很近，走幾步路就到，從此便結伴上學。小時候，我們一起參加夜間籃球比賽，一起睡過頭，上學遲到。上中學之後，人各有志，所以朝不同方向發展，但上了大學又湊在一塊，反而更加親密。我和克里斯分手後，曾到多倫多找珍，那時便知道多倫多是我夢寐以求的好地方，應該多花點時間看看這個城市。後來我到新公司上班，得搬到多倫多，珍便邀我同住她家，和她合租公寓。現在我已不住在這裡，但每次來找她，還是可以來借住幾晚，這裡就像家一樣，珍也不只是朋友，更像姊妹一樣親。

儘管十分要好，**直到身處珍的待棄雜物堆時，細看她選擇保留的一切，我才開始真正瞭解這個人。**她留下一些畫作，都是自行裱框、打磨與整修的。她也保留自行整修過的幾張桌子和幾座邊櫃，其中有些抽屜用壁紙裝飾，或漆上鮮明的色彩。她也留了自製相簿，存放與朋友共度假期的回憶。牆上掛的大鐘鑲了十二組骨董茶杯和茶托，時針正好每小時指向一組，同時屋裡還有一面黑板牆，佈滿抄下的佳句和手繪的草圖。看著這些，我很訝異，怎麼從來沒發現她這麼有才華？她到底有多少才能和創意？認識了二十年，還同住過一個屋簷下，我怎麼什麼也沒發現？

回家後，我仍對此念念不忘，想著：那我自己呢？為什麼我的創造力未曾嶄露頭角？這絕不是遺傳問題，因為我身上應該留著有創意和才華的血。就拿我媽來說吧，她年輕時常常吉他不離手，頗有音樂造詣，當年還錄取音樂系，只是她選擇放棄，先後到多倫多、溫哥華奮鬥，最後才來到維多利亞。儘管輾轉搬遷，她總是帶上她的吉他，也常抱在懷裡彈奏，聽媽媽彈琴唱歌正是我的兒時回憶。我媽很愛搖滾樂，常聽史密斯飛船（Aerosmith）、槍與玫瑰（Guns

N'Roses）、齊柏林飛船（Led Zeppelin）、珍珠果醬（Pearl Jam）、平克佛洛伊德（Pink Floyd）和悲劇之果（The Tragically Hip）等團體的歌。媽媽不在時，我偶爾也會自己打開琴盒，撥弄琴弦三兩聲，想試試玩音樂的感覺。

我媽向來是個閒不下來的人。我剛出生時，她和阿姨在維多利亞市下約翰遜街租了一間店面賣衣服，如今已經營成本市的文青服飾旗艦店。店裡賣布料，一匹匹論碼計算，同時也販售她們自行設計製作的服飾，舉凡童裝、T恤、內搭褲，還有衣架上掛的洋裝，種類多樣。我阿姨會縫被單，店裡便出售她自行縫製的寢具，記憶中的媽媽也總是坐在縫紉機前，難得離開幾步。要是二手商店有什麼衣服買不到，我媽就動手替我做，連我小時候穿的萬聖節服裝都是她親手縫的。四歲時，她把我打扮成米妮，一雙大耳、頭上戴的蝴蝶結、手上戴的手套到腳上穿的過大高跟鞋，一身行頭毫不馬虎。到了八歲，我扮成《阿拉丁》裡的茉莉公主，只不過是金髮版。製作特殊服裝簡直成了我媽的專長，不僅替我量身訂做，也幫艾莉打造溜冰服和比賽服裝，她也順勢開啟溜冰服的事業，在花式溜冰圈裡一炮而紅。

要說創造力，我爸也毫不遜色，只不過更有「建設性」。我和他在同一棟房子裡先後度過童年，這房子原先屬於奶奶，她老人家退休後，打算搬到威爾斯養老，房子就賣給兒子和媳婦，如今屋裡四處都有老爸經手的作品。抬頭看看，天花板上有幾條細細的痕跡，是當初我爸替爺爺拆掉牆壁，將室內改成開放式空間時留下的。奶奶當年離開安大略省，短暫和我們同住時，老爸又讓車庫搖身一變，成了功能齊全的廚房以應付需求。

奶奶過世後，他又用繼承的遺產建了一座面積達九百平方公尺的車庫，一磚一瓦都由自己動手。房子本來有個露天平台，他後來乾脆拆掉改成水泥露台；室外排水系統不堪用了，他就在房屋周圍自己挖一條溝。他也重新為牆面粉刷，換上新的牆板和窗戶，再裝上兩座柴爐。老爸有點急性子，一發現問題，找出解決方法就立刻開始動手做，從頭到尾自己完成，而且還一切符合建築法規！其實我和他很像，都喜歡解決問題，只不過他總是對症下藥，我只是一買再買，想著有朝一日再說，可是那一日通常不見蹤影，問題便擱置下來。

有了這樣的雙親，兩人同心協力，也難怪能解決屋裡的大小問題。老爸架了栽培床，約有加大雙人床的大小，我們便用來種植不同形狀、顏色和大小的蔬菜：南瓜、櫛瓜、小黃瓜、馬鈴薯、大頭菜、胡蘿蔔、番茄和藥草等等。還記得，小時候我會拿著兩把園藝剪刀，跑進菜園裡，不顧腳趾會沾上泥土，也要自告奮勇剪下晚餐吃的蝦夷蔥。我們在菜園右邊種了一排果樹，從後面算起依序是：蘋果、桃子、李子和三株櫻桃樹，最後的水蜜桃和甜桃則靠著房子生長，緊密相依，分不清誰是誰。院子左半邊有更多蘋果樹，以及鄰居成長過剩的黑莓和羅甘莓，越界長進我家庭院。春季時，週末時光往往在採水果和做罐頭中度過——由於廚房很小，一家人擠在裡面，僅容旋身，要做罐頭可真是大費周章。入秋後，我們會自製黑莓果醬，至今仍是我的最愛。我們也自己烤和冷凍蘋果、藍莓和黑莓派，老爸負責做派皮，老媽負責填內餡，向來都是團隊合作，聖誕節甜點也能自給自足。

爸媽有很多事都自己動手做，並且引以自豪，那我怎麼辦不到呢？我怎麼沒培養出什麼興趣和創意，也沒傳承他們的巧手？我怎麼又從來沒珍惜過他們一起為我們一家人做的一切？這些問題本身已夠逼人，在艾莉告訴我，爸媽可能要離婚時，問題變成了夢魘一般，糾纏不休。

＊＊＊

有一天我妹告訴我：「我覺得媽和爸快離婚了。」

有些人從小看著父母吵架，在充滿火藥味的家庭長大。有些孩子很早便明白父母感情太過惡劣，不可能挽回，不如期待他們早點分手。但我家三個孩子並不是生長在這種環境，因此我從沒想過竟然有一天會聽到妹妹宣告父母失和，還鬧離婚。

艾莉打電話來的時候，哭得很厲害，我還得提醒她深呼吸，拜託她冷靜下來，解釋清楚。她早已語無倫次，抽抽噎噎，費力地告訴我，她沒有證據，但感覺就是不妙。她幾次聽見他們交談，內容頗為可疑，又看見家裡有些異狀，從蛛絲馬跡中拼湊出這個猜測，她還沒有證據，但也無法說服自己一切無恙。

我左思右想，就是沒辦法把她說的那些事兜起來。十二月時，媽才問我二月能不能回維多利亞住幾天，幫她照顧狗，因為她可能要和我爸去古巴玩。當時我爸還沒排好假，出遊日期還不確定，但我媽說很快就會定下來。母女倆的對話不過是三星期前的事，全家也才共度聖誕佳節，怎麼可能一下子遭逢劇變？不會的，我妹一定搞錯了。

我叮嚀她，有什麼新消息都要告訴我，她也可以隨時打電話來。她說話算話，而且證明自己是對的——事態確實不妙，但我遠在他鄉，只能盡量多聯絡家人，希望從對話中聽出一點端倪。一開始，我媽很高興我打電話給她，後來又變得冷淡，我爸則是異常話少，他向來有話直說，這下卻一句也不多提。以前，我們是無話不談的一家人，現在卻有所保留，只不著邊際地談論天氣，氣氛不若從前。

艾莉一度以為是她害爸媽失和的。有幾次她打電話來問，如果她能多幫忙家務，或成績好一些，爸媽的關係是不是會恢復？我再度請她冷靜下來，並告訴她，如果能讓自己好受一些，想做什麼就去做，但這一切絕不是她的錯，不是她害爸媽吵架的。我不清楚詳細情形，但我知道問題不是出在艾莉身上。

其實，我早就有些想法，只是沒告訴艾莉。這大概是排行老大的宿命吧，尤其我大弟妹八歲以上，難免要替他們解決問題，同時也得面對自己的問題。儘管做哥哥姊姊的不想老是滿足弟妹的需求，但總想保護他們。你怕他們遇到困難、受傷痛苦，所以你會一肩扛下，沒有人知道你也有自己的問題要面對，沒人發現你也會難過傷心。你是老大，沒人想到你也會受傷。

不像我妹，我並不覺得自己是父母失和的原因。我們三個孩子都成年了，不管是艾莉、班或我，我們都不可能是問題的來源。儘管如此，我仍自問：我還能做些什麼？就算只是亡羊補牢，我也願意嘗試。我們是一家人，同舟共濟，現在這個家庭即將崩解，大夥各奔東西，只要能把一家人都拉回到這艘船上，一起往對的方向前進，不管要我做什麼我都願意。

什麼事都扛下來，這就是我在家裡扮演的角色。老爸外出工作，往往一出門就半年不在家，因此我老早學會負責任，隨時準備好捲起袖子，有什麼需要幫忙的就讓我來。成長過程中，艾莉和班就沒有這種機會，他們只需要負責洗碗和倒垃圾，但我得負責照顧他們。身為長姊，我不是一個「孩子」，而是家裡第三個大人，我對此向來都甘之如飴。可是，一想到他們可能離婚，只能面對現實，想起自己只是他們的孩子，只是個希望爸媽不要分開的孩子，我好希望全家人都不要分開。

想得越多，越害怕事情脫離自己掌控，我也就越喜歡責問自己，為什麼過去沒有珍惜父母為我們做的一切？我怎麼沒請媽教我縫紉？腦海中回想起從前拜託她幫我看——不對——拜託她替我完成家政課作業，便後悔不已。當時，我怎麼不看看她怎麼做的？怎麼不告訴她，我其實也對她做的事感興趣？我怎麼不請老爸教我換汽車機油？至少可以看他怎麼弄的吧？為什麼不告訴他們，我也想試試，說不定哪天能派上用場？這些年來，我到底都在幹嘛？

我知道，我做的就是花錢，買東西。由於早早離家自立，我未曾向父母學習他們的一身技藝，只學會用錢解決問題——反正想要什麼都能買到，往往又物美價廉——何必自己動手？久而久之，我貪求便利，就沒興趣親手完成了。當然，我並不是做什麼都這麼懶，也不是完全沒有爸媽的真傳，比如說，我會煮飯，也懂烘焙，照顧弟妹和打理家務更是在行。可是，如果能在市場買到便宜的蔬菜，何必費事自己種？想要一件T恤或背心，花五塊錢就買到；家具壞了，何必流血流汗自己修理？買新的就好啦！既然能用錢解決問題，不妨花錢消災——我一直都如此自圓其說，身體力行，久而久之，信用卡便成了我的好朋友。

時間就是金錢，如果多花點錢就能省時間，何樂而不為？但糟糕的是，花了錢，卻往往浪費更多時間。十四、五歲時，我沉迷於電視，有一大堆想看的節目，於是每日行程都依照節目表安排。週一、週四和週日晚間至少看兩到三小時的電視，這時候根本什麼正事也做不了。週五和週六晚上則是派對時間，剛好也沒有要看的節目，好像電視台老早知道我要週末夜狂歡，貼心排開節目時間。其他時候，我沒有特別想看什麼內容，卻還是喜歡守著電視，度過夜間時光。

我對電視的依賴甚深，在愛看的節目開始發行DVD後，更是變本加厲。儘管已經看過每一集節目，就是想再回味一次（好吧，不只一次）。這時候，剛好流行「熬夜追劇」這種說法，這句話正是我的寫照。走進家裡地下室，往棕色皮沙發一坐，往往就是幾個小時，久而久之，連沙發表面都被磨破了。更糟的是，每次爸媽問我要不要一起做某件事，我總說「不行，現在沒空啦」，倒是很有時間看偶像劇，《玩酷世代》（The O.C.）一看再看，整整四季，全部的台詞簡直可以倒背如流。我老是藉口太忙，錯過和爸媽學習新知的機會，不珍惜親子共處的時光，錯失許多創造美好回憶的機會。

如此沉迷電視又藉口太忙的人，並不是只有我一人。聽說，我這輩的人很多都是這樣，而且也常沉迷電子產品，個個成了低頭族，而這都是事出有因。大學時，我在最愛的「媒體與文化研究」這門課中，寫了一個關於「流程」（flow）的課程報告，撰寫過程中，第一次有了「啊哈！就是這樣！」的靈光乍現，發覺問題所在。在傳播領域，「流程」指的是安排節目，形容從一個節目轉換到下一個節目間的流暢轉換（包含中間的廣告），轉換過程必須確保觀眾繼續看同一個頻道的節目。前一檔節目結束時，通常會安插一個「接著播出」的片段，預告後面的節目內容，目的很簡單，就是吸引觀眾繼續收看，不要轉台，而我本人就很吃這套，為此沉迷電視多年。

直到有一年，捉襟見肘的生活太過緊繃，逼得我認真控制生活預算，才停掉有線電視，從此戒掉電視，也不打算再回頭。沒了電視，我省下更多時間，完成學業、寫部落格、專注職涯發展，也能開始接案，可以做更多事。當然，我也會找機會出門透氣、和朋友去爬山，並多花時間接觸人群，總之，我再也不是「很忙，沒空，改天再說」了。**我以前並不是沒時間，只是忙著把看電視擺在第一順位，卻錯失和別人相處的機會**，但我不想再錯過了，便決定把握時機，向爸媽開口求教，向他們學習。

＊＊＊

那天，我預料的事終於發生了。在這實行購物限制的一年裡，我一直知道，總有一天會遇到擁有的某件物品損毀、消耗殆盡或分崩離析，到時就得換成新的。結果，第一件壞掉的東西是睡褲，因為勾到別的東西，便從破洞一路脫線，小洞成了大洞，但我只有這麼一件，這下可沒得穿了。看著破褲，心裡第一個念頭是：丟了吧！這條褲子是量販店買的便宜貨，用的不是什麼好布料，丟不足惜，就算買新的，也符合購物限制——東西破爛到不堪用的時候，就可以花錢買新的，當初立下的原則裡有這條，沒有破戒，而且一條睡褲也花不了多少錢嘛。

只是我卻產生另一種衝動，想向家中的女性求救——我媽、阿姨、外婆和艾莉，我有整整四個人可以請教：「等我下個月回家，你們可以教我怎麼縫衣服嗎？」聽到我這麼說，她們很訝異，但也很開心。「沒問題！」每個人都這麼回答我。

接下來，我順勢拋出一連串問題：你怎麼知道要用哪條線？做錯了怎麼辦？我可以把你的縫紉機借回家嗎？萬一弄壞怎麼辦？哪個季節種小黃瓜比較好？那芥藍呢？番茄呢？依你看，我在陽台種盆栽怎麼樣？用什麼大小的花盆比較好？土應該選哪一種？需不需要施肥？這樣要花多少錢？什麼時候可以採莓果來做果醬？做果醬要花多少時間？水果和糖的比例應該抓多少才好？你覺得應該堆肥嗎？如果放堆肥的容器滿了，怎麼辦？我住的大樓沒有處理堆肥的設備啊……我一問再問，簡直像個牙牙學語的小孩，連珠炮似的說話，迫不及待地想瞭解這個世界如何運轉。

除了拿一堆問題煩爸媽，我也自己上網查資料，從五花八門的大量資訊裡，整理出新的洞見。剛開始消費限制時，我寫下想要擁抱「極簡主義」的心情，也開始學習如何減少物慾。在這段求知慾大增的時期，我已經丟掉54%不需要的東西，遵守可購物清單，只買過幾樣必要的物品，更數度成功克制購物衝動，這樣子應該算是力行極簡主義了吧！既然已經做到「減少」，達成一年不消費的目標，應該指日可待，而且我一定做得到，只要再堅持五個月就行。

在此同時，我卻也發現極簡主義和原先想的不是同一回事。我一邊尋求更多園藝小技巧，減少垃圾量，試圖自給自足，一邊感覺欣慰，因為在許多文章也能讀到「極簡主義」這個詞——只不過，意思和「簡單生活」相通。這些文章不但不完全符合我所追求的不消費生活，反而讓我想起童年：兒時的我，雙腳踩進院子裡的泥土，玩完了就走進廚房，廚房桌上堆著剛出爐的派皮，櫃子裡塞滿自製的水果罐頭……我懷念那樣的日子，我想要回到那樣的生活。

我追根究柢，找了更多資料，最後才發現，如果要過簡單生活，就得改變一下消費限制的規則，否則連種子都買不了，更何況是想自耕自食？我也希望能買做蠟燭的材料，這樣就能自製美美的蠟燭，中看又中用。就連清潔用品我也想自己動手做，比如自製洗髮乳和潤髮乳，證明這些東西不必花錢買，也能避免接觸太多人工物質。後來，我在部落格上宣布我要「加碼」，給自己更多挑戰——這話可不是隨便說說，我確實很懷念兒時回憶，為了回到從前的生活，因此調整了規則。

消費限制新規則

可購買項目：

- 生活雜貨與廚房基本用品
- 化妝品與衛浴用品（用完才能買）
- 禮品
- 製作清潔用品或洗衣精的材料
- 製作蠟燭的材料

不得購買項目：

- 外帶咖啡
- 衣物、鞋子、首飾
- 書籍、雜誌、筆記本
- 居家用品（蠟燭、傢飾、家具等等）
- 電子產品
- 基本廚房用品（保鮮膜、錫箔紙等等）
- 清潔用品或洗衣精

2 月

船到橋頭自然直

已戒酒

25 個月

本月存款佔收入

53 %

擺脫的多餘物資佔所有物品

60 %

二月初，我獨自去了趟紐約，這是第三次造訪大蘋果，此行將成為無比難忘的回憶。據我所知，前往紐約的旅費可多可少，端看個人意願。這一次，我利用旅行點數省下機票錢，又借住朋友夏儂家，雖然睡沙發有點克難，但省下一筆旅館費用還是值得。此行除了咖啡和美食，我只買了門票，到洛克斐勒中心的觀景台一遊，此外再無其他花費了。別忘了，我還在消費限制期間呢，要向購物行程說不。

這次紐約行之所以特別，是因為剛好和兩個朋友的行程配合，難得重聚。一位是公司的同事黎安，她平常住在倫敦。一開始，我和她只是在彼此的部落格上留言，後來開始寫起長長的電子郵件，從金錢、工作到感情無所不談，成了志同道合的好朋友。另一個朋友是大衛，他也是部落客，和我一樣是加拿大人，我們在一年前認識。他寫的文章常有新穎又深入的觀點，帶給我很多關於金錢、工作和生活的新想法。如今三人能在此相聚，全靠機緣，也許這就是紐約的神秘力量吧。

我和黎安做了觀光客都會做的事：站在觀景台上，拿起相機，拍下劃過大都會上空的太陽，然後到中央車站席地而坐，從下往上，以仰角拍下更多照片。我則和大衛結伴散步，扎扎實實地從東村走到西村，途經空中公園和雀兒喜市場，又折返走回東村，中途三次停下來喝咖啡，歇歇腳。這個二月奇冷無比，但我不介意，還是喜歡散步。要不是得脫掉手套接電話，不然我可是對冷天氣渾然不覺。

在我進行紐約之旅時，艾莉也不時傳訊息來報告家裡的現況。從小，我們就知道，要是誰不在家——通常是老爸，因為他得出海——盡量別把雞毛蒜皮的爭吵告訴那人，畢竟不在場的人也愛莫能助，不如暫時隱瞞，免得對方窮擔心。我向來贊成這個做法，認為有助於經營遠距離關係，但現在是非常時期，況且也沒別人能幫艾莉了，不得不打破習慣。爸媽之間的問題，她找不到其他人可以討論，因此心神不寧，但她得冷靜下來，所以她想說，我就讓她說。等回到加拿大，我也得親自回爸媽家一趟，搞清楚到底發生了什麼事。

回家第一晚，所有人話都很少，話題只在我的紐約行和工作上打轉。隔天的狀況也還好，大家一樣沒什麼話說，但貌似一切都在常軌上，對話內容再家常不過了。只見爸媽相偕坐在廚房，老媽準備做飯，老爸看報紙，夫妻倆一起喝咖啡、泡茶、聊天，還同時放聲大笑，一切如常。到了第三天，我整個早上都暗中觀察他們，仍和昨天一樣，毫無異狀，我不禁心想，艾莉到底在擔心什麼？

下午我在飯廳工作，在廚房拿來的便條紙上寫筆記。寫到快沒空間時，我翻到下一頁，驚見一個滑落的小紙片，紙片對折成兩半，有字的那面朝外，第一行字寫道：「我們怎麼分財產？」

一瞬間我忘了呼吸，好像一切都凝結一般，然後彷彿有一陣迷霧彌漫了整個空間，遮蔽我的視線，一切看起來都變了樣。

我翻開紙條，讀完全部的內容，才明白真相：沒錯，爸媽打算離婚。我拿著紙條，走出飯廳、走過廚房、走廊，進了艾莉的房間，關上門，用顫抖的手把紙條拿給她看。她一看便放聲尖叫，然後我們都哭起來。她是對的，她的直覺沒錯，錯的是我。我以為，我們才剛歡歡喜喜慶祝聖誕節，這才不過兩個月前的事，爸媽怎麼可能馬上離婚？早上爸媽才一起在廚房開玩笑，哪像是打算離婚的樣子？我以為，這種事不可能發生在我們家，不可能發生在我們身上，我們不是無話不說的一家人嗎？怎麼會？這裡的治家格言向來是「我們一家沒有秘密」，結果還是有一個天大的秘密，終於讓我們發現了，而且不能裝作沒看見。

＊＊＊

恕我不能細細說明我父母離婚的原因，也不能說明對他們本人或弟妹們有什麼影響，因為這是他們的私事，我不便多說，但我可以告訴你們，整件事對我的意義是什麼。在我找到那張紙條，拿給艾莉看之後，我們直接拿著紙條去找爸媽「談」，談完後姊妹倆各自離開現場，想釐清我們對這件事的態度——畢竟，這種事本不該從一張紙條上發現的，而我只感覺熟悉的世界要崩解了。

後來，我開車出門，去找朋友崔維斯和帕斯卡，想著可以陪他們的孩子玩玩，好分散注意力。結果孩子們上床睡覺後，我還是蜷縮在主人家的沙發上，哭了起來。我家本有一套解決問題的傳統，首先大聲說出問題：下一步該做什麼？對家裡的影響是什麼？——這樣做已行之有年，早就成為家族處世之道。隨著爸媽相識相戀，我成了家族一員，也學會這套傳統。在那之前，我們母女倆的生活簡單平靜，只不過幾乎每年都會搬家。在我上小學頭幾年，每升一年級，就換一間學校，甚至一學年沒過完，又得準備搬家轉學。但艾莉出生後，我們全家人就一直住在這棟房子裡，從不分離，我也終於能在同一所小學唸到畢業，然後有始有終在同一所學校上完中學，終於能維持超過十個月的友誼。我家向來歡迎親友來訪，所以不時有人會登門造訪，家裡常有客人，我也知道，不論我搬到世界上的哪個角落，我仍然可以回來這個家。我們誰都不能失去這個家，我不能失去我的家。

事已至此，只能設法讓大家都能面對改變，順利適應。我很擔心爸媽得孤獨度過晚年，不只希望他們別分開，也很不想看到他們一個人過。兩條狗狗又怎麼辦？牠們年紀不小了，也不擅長適應變故，真希望狗狗們不必面對這些，牠們受得了嗎？

我又想到弟妹身上，不知道他們會怎麼樣。我這輩子都在照顧他們、帶領他們和保護他們，只要我辦得到，就不會讓他們吃苦。當然，我們面對這件事的方式或許各有不同，我也希望大家都能中立一點，不要選邊站，讓全家人更分崩離析，可是這次我真的不能當領頭羊，我辦不到。**這次，艾莉和班得自己劃清界線，設定自己的原則，並面對自己的感覺。**爸媽離婚這種事，他們不可能不受影響，他們也不可能保護我，不讓我受傷——畢竟，沒有弟妹保護姊姊的道理。

我也為自己哭了一場。之前，我完全沒預料到這會發生，就算艾莉和我說了很多，我還是沒做好心理準備。這一年已經發生太多事，於公於私，我都已遇過各種變故，但先前每次我都能挺過來，因為我知道背後還有家人支持。我還有一個家，還有爸媽、弟弟妹妹，以及兩條狗，這些都是我的心頭肉，都在這個屋簷下可以找到。可是，以後要是不在同一個屋簷下了，那該如何是好？怎麼會有這種事？

離開朋友家後，我在途中經過馬拉哈特，這是一號公路比較陡峭的一段，環山而行——正因有這座山阻隔，維多利亞才在溫哥華島上自成一隅。經過這段路時，高山缺氧害我差點喘不過氣來，後頸汗涔涔。我突然好想停到路肩，把上衣脫掉，但我不能這樣做，因為這段路只有單線道，沒有路肩可以讓我暫停。我開始心跳加速，手心冒汗，滑溜溜的幾乎握不住方向盤了。深呼吸，凱特琳，吸氣——吐氣——就快到了。我不斷對自己說這句話，走完接下來的七公里，下了交流道，我終於把車停到路肩，跳出車子，然後躺在地上，縮成一團。柏油路面冷冰冰的，這個感覺傳遍全身，終於讓我喘過氣來。我掏出手機，打電話給遠在美國丹佛的克萊兒，劈頭便說：「我爸媽要離婚了！」接著輕聲說：「而且我剛才恐慌發作。」

這並非我第一次恐慌發作，但這是離婚事件以來，我第一次在發作時打電話給克萊兒，告訴她這件事。我的頭兩次恐慌經驗，一次在新工作到職第二天，我判定這是個徵兆，顯示我不適合那份工作便辭掉了。第二次發作是在前往機場的路上。那陣子，我常不眠不休工作，有時在電腦前面一坐就超過十五個小時。那次出國是為了參加有關部落格的研討會，也順便找朋友玩了幾天，休息過後，突然很怕再回到那日夜工作的生活，於是在火車上，熟悉的驚慌感再度來襲。喘不過氣，直冒冷汗，心跳加速——深呼吸，凱特琳，吸氣——吐氣——就快到了。一抵達機場，我便跳上月台，扔下行囊，立刻打電話找克萊兒。當時，我認定這也是個警訊，提醒我不該工作得那麼累，應該過得健康一點，那麼這次呢？

至今我還是想不透，為什麼當初在月台上會打給她？在那之前，我們沒通過電話，只透過電子郵件和簡訊往來。不知怎地，我就是知道我需要她，這次也一樣。如同先前，對著躺在路面上的我，克萊兒也給了相同的建議：把頭埋進兩膝之間，再深呼吸。吸氣——吐氣——她在我耳邊重複這句話，直到我恢復正常呼吸為止。然後，我放聲大哭，她只好又重來一次，叫我深呼吸。

等我終於冷靜下來，睜開眼睛，才好好看清四周環境。我正躺在一條小路的狹窄路肩上，眼前停著我的車，左手邊是一排新蓋好的房子。好吧，我知道這次為什麼會找上克萊兒，因為她不只滴酒不沾，是我的不負債好夥伴，也因為她和我一樣，最近同樣遭逢父母離異的變故。互相扶持，姊妹情誼。太陽西下，我躺在一片漆黑中，盯著頭頂上的街燈，聽克萊兒發問，無從回應，不知道問題的答案何在，頓時明白，這趟經歷變故之旅，才剛開始而已。**那張小紙條只不過是旅途的第一站，恐慌發作則代表我還沒準備好，還不能面對這一切。**

＊＊＊

接下來幾天，我爸媽試著營造一切無恙的氣氛，早上兩人又一起坐在廚房，大家晚餐也同桌吃飯。我不確定，究竟是我們做兒女的努力假裝沒事，還是他們自己更賣力假裝？不論做什麼，問題還是存在，我們再也不是能敞開心胸聊天的一家人，就好像房裡塞了頭大象，大家卻視而不見一樣。我們聊起艾莉的大學生活和班的學校——噢不，他不在場，他什麼都還不知道。不行，不能提到他，如果提到他，就得提離婚這件事，得討論什麼時候才要告訴他。快，聊點別的，別碰那頭大象，牠不在這裡。這時，往往就有人主動轉換話題。

久而久之，這種顧左右而言他彷彿成了一種小小勝利。每當朋友問起家中情況，關心我時，我會回答：「好得很，我們不談那些，好像就沒事了。」家人仍在同一張桌上吃飯，是一種小小勝利，和彼此討論新聞內容，也是一種小小勝利。**明明家裡有個大新聞，但誰也不提，好像相安無事是個天大的勝利一樣。**當然，贏得再多，感覺都很糟。家人之間從來沒有秘密，以前我們什麼事都能拿出來分享，如今卻不同了。我有好多問題想問，想找出答案，希望發現這一切都搞錯了，然而每天早上醒來，換好衣服，走出房間，我又重蹈覆轍，又加入那個視而不見的一家人。也許，假裝沒事，會讓大家都好過一點。

在家裡待了幾天，我就受不了了，只想遠離，給自己一點空間。我留下艾莉獨自面對，讓她一個人和爸媽玩假裝沒事的遊戲，雖令我難受，我也只能保證在可以忍受的範圍內，會盡可能常回家。現在我只想一個人靜一靜，回到滿地寶後，我沉浸於工作中，想轉移注意力：每天早上，早早起床，煮杯咖啡，立刻檢查電子郵件信箱。我寫信給別人，承諾要進行新計畫、物色更多特約寫手，也排定部落格寫作時程。但是，還不到中午，我往往就呆坐在椅子上，望著電腦螢幕後方發愣。在爸媽家發現紙條時，所經歷的那陣迷霧又再度來襲，讓我看不清眼前事物，不到下午兩點，我便抱著筆電坐進沙發，說服自己坐得舒服些會有幫助。四點鐘，我關掉電腦，如果這整天能有一點進度，就謝天謝地了，然後我吃晚餐，吃完飯便準備上床睡覺。

通常，不管發生什麼事，床都是避風港，睡一覺就好多了。自從當年和克里斯分手，我就特別重視床鋪的擺設，不論需要什麼，只要能打造一個舒服的避風港，我什麼都買，只求有個逃離白天壓力的地方。幾個月前，我才換掉躺了十三年的床墊，從消費限制的帳戶裡拿錢出來，買了新的來用，讓自己睡得更舒服些。

朋友艾瑪和我都認為，一張乾淨的新床會像棉花糖一樣軟，撲到這樣的床上，就達到軟綿綿的境界。我開始在每天晚餐後傳簡訊給她，總是提到「軟綿綿」這個詞：七點鐘不到，我已經洗好碗盤，躺到床上「軟綿綿」的。有時候，我也會盯著床頭櫃上的書看，考慮窩在床上讀，但老覺得懶。想到要伸手拿書、攤開來放在面前，感覺就好麻煩，所以放著就好，不必去動，我也窩在被子裡就好，什麼也不用做。

一開始，艾瑪說她看我可以常常窩在床上，簡直要嫉妒我了，因為我總是炫耀似的向她宣布：「該做的事都做完了！軟綿綿時間到了！」彷彿這成了每天最大的成就。儘管艾瑪和我相距一百多公里，她還是猜透我的心，不久就發現我只是想尋求床的安慰，連我自己都還沒發覺呢。我躲進被窩的時間越來越早，因為家裡的工作室和起居室感覺太空了，我不想待在那麼開放的空間，只想躲起來，躲避我的生活、我的家人，也想逃避現實，多希望這一切不是真的，所以我躲進床上，把自己縮起來，假裝什麼都沒發生。本來是七點上床，漸漸變成六點上床，後來又變成五點。艾瑪知道後表示了她的擔心，但我仍繼續戀床，連晚餐都帶到床上吃，除了去洗碗，整晚都窩在床上。最後，我根本懶得下床，索性把碗盤擱在床頭櫃上，放在那堆書旁邊，還乾脆坐在床上工作。終於，有一天床頭櫃上滿得連咖啡杯都放不下，這才讓我抓狂了。

＊＊＊

一陣衝動，我爬下床，在臥室和廚房間來回奔波，把髒碗盤丟進水槽，又扯下床單，丟進洗衣機裡洗，然後把公寓裡裡外外擦個乾淨。我的人生已是一團糟，不能連環境都是一團髒亂。

整理完畢，我走回臥室，看著床頭櫃上那堆書，好幾月前就擺在那裡，只不過因為偶爾起興，想讀某一本而抽換堆疊順序，但往往什麼都沒有讀，書也還在老地方。每次看著這疊書，就覺得對不起書的內容和作者，也因為太少讀書而慚愧。我一直喜歡看書，從小書不離手，出門旅行，至少會帶三本書，但現在我再也不看書了。那個床頭櫃好像一個隱形的角落，藏在亂七八糟的東西之間，讓人漸漸習以為常，就算每次看見都心有愧疚，也懶得去動。我再也受不了這種罪惡感了，便把書都放回書架上，想著就算不讀，至少讓書回到應該在的地方。

每本書都回到自己的家，因為我的書架仍分類整理：小說、回憶錄、商業和個人財務，同時也按書的大小排列。我想起自第一次大掃除之後，已過了半年多，但還是有一大堆不看的書。其實，家裡還是留了很多用不到的東西，雖然大可在部落格上詳述有什麼物品，但實際上，我眼前的東西只有兩大類：用得到的，還有理想中的自己會用到的。

那些理想中的自己要用的東西，都是從前買下來的，因為我以為，有了這些，就能改善我的生活，或讓自己變得更好。我買了很多書，因為聰明的凱特應該要讀，衣服則是買給專業人士凱特穿的，還訂了很多有創意的凱特能完成的計畫。經典小說、小黑裙、剪報資料，諸如此類，數之不盡。我以前刷卡購物，在這些東西上一擲千金，買下這些自認為有用的商品，只因為我告訴自己：買下來，總是有幫助。我不是個完美的人，但有了這些，我可以更完美。我希望自己能讀這些書、穿那些衣服、做那些想像中的事情，因此變成理想中的自己，只要家裡放著這些東西，我就有機會成為更好的人。我想著，有一天就會去做的，有一天就會成為那個人——好吧，這次我終於發現，那「一天」永遠不會來。

在此之前，每次整理東西，我都問自己兩個問題：最近有用到這個嗎？最近會用嗎？如果答案是肯定的，就把東西留下來，如果生活中用得上，東西就不必丟。朋友老是問我，怎麼能扔掉那麼多東西？這問題總是讓我困惑不解，因為我真的用不到那56％的物品，丟掉有什麼困難？但現在留下的這些東西，是為了「讓自己變得更好」，所以情況不同。我已認清事實，便無法再視若無睹。我得接受現實，承認自己不會成為那個理想中的人，不可能看那些書、穿那些衣服，也不會做那些計畫中的事情。不過，要全部丟掉，也不是件簡單的事。

先從書開始吧。我自問一個從未想過的問題：**這是買給誰的？是現在的自己，還是你想成為的那個人？**買這些東西時，早該這麼問自己——不，買任何東西前，都該這麼問。之前，我買給理想中的自己許多書，以為那個更聰明的我會拿起來讀一讀，但事實上我不會。走進臥室，我又對著衣櫃自問同樣的問題。我走遍家裡每個地方，一次次問自己一樣的問題，然後把手裡的袋子裝滿，準備好再丟一輪東西。**我得丟掉那些用不到的東西，承認我不會是那個更好的自己，然後接受自己真正的樣子。**

整理完之後，我得學會放棄一件比自己更重要的事：我的家庭。

* * *

事件如潮水般湧來。我蓋上暖被，藉此隱藏痛苦，之後又想起來，總有別的事應該放手。比如說，我們規劃了家族旅行，打算在班大學畢業後去一趟夏威夷，這下只能放棄。目前為止，全家出遊只有兩次，一次是去迪士尼樂園，另一次是去墨西哥玩，如今將成為唯二回憶，不會有第三次了。接著，我想起那些從前以為有可能發生的情況，比如我們有一個共同的老家，將來我、艾莉和班可以帶自己的孩子回去，大家又在一個屋簷下重聚。如果我們的孩子不能同時見到祖父母，會怎麼樣？如果我們要分頭幫父母過生日、過節和聖誕節，會怎麼樣？等到我們要結婚，婚禮會是什麼場面？如果他們以後都不和對方說話了，怎麼辦？

我一直以為，父母離婚時的年紀越小，越難適應，但到頭來，年齡改變的只有應對方式，適應的難度並沒有區別。要是爸媽分開時，年紀太小，根本記不住對方，反而只會記得他們已經分開，不會記得他們曾經在一起。要是父母談離婚時，你已經成年，甚至像我一樣扮演過雙親的角色，而且你生長的那個家是那麼溫暖有愛，那麼父母離異的打擊會很大，大得像是自己離婚一樣煎熬。等到終於發現一切已經結束，就只能放手了，有很多事都得放手。

大肆整理過後，也丟掉了好多東西，我卻沒有煥然一新，又選擇鑽回被窩。在被窩裡，我可以盡情傷心，為失去熟悉的家庭而難過，想著從此以後，再也看不到那些家庭傳統、儀式和家人間的秘密暗號了。這和以前經歷過的痛苦都完全不同，沒有東西刺痛或灼傷我，骨頭也沒有隱隱作痛，不像失戀的打擊，也不像家人過世的傷痛，是一種失去「全部」的感覺，還有因為失去所有未來的美好，而傷心而悲痛。

我一直以為，我父母會永遠在一起。我所見所聞，從不讓我懷疑，也沒讓我做好心理準備，這一下子失去太多，我不知道如何面對。原先，家庭的基石穩固，如今好比這顆石頭突然移動，將所有人都震到了脆弱不穩的地上。現在，我得接受事實，接受失去的現況，這當然不容易，一切也才剛開始而已，我還得經歷更多。於是，我繼續躲在被窩裡，更用力地哭，一次一次重複相同的咒語：

吸氣——吐氣——

吸氣——吐氣——

3月

重燃希望

已戒酒

26個月

本月存款佔收入

34%

本月完成信心

70%

多希望可以說痛苦已經過去，在二月開始，就在二月結束。多希望，我能說儘管自己發現了家族秘辛，驚慌失措，還嚇得尖叫了幾聲，然後就沒事了，船過水無痕。要是可以把討厭的事打包起來，塞進名為「上個月」的過去，全部丟掉，從此一乾二淨，那該多好。可是，事情總不是那麼簡單，人總是喜歡把人生想像成許多段落，每個月都是新的一章，但我的上一章並沒有乾乾淨淨地結束，雙親離婚顯然擊垮我了。我情緒崩潰的次數減少，不再動不動就掉淚，但這是因為我已痛到麻痺。在傷痛歷程中，我跳過了討價還價的階段，因為沒什麼好爭取的，我知道爸媽一旦做了決定，就不會再改變心意，我也沒有左右局勢的餘地。於是，我不曾憤怒，直接陷入低潮之中。

「低潮」可不是我隨便說的，我從不輕易說出低潮。「低潮」只是用來稱呼傷痛歷程的其中一階段，但我也知道這個詞的意義有多沉重。從小，我就眼見一個家族友人身陷重度憂鬱症，多年無法正常生活，家族裡也有人深受躁鬱症之苦。所以，我不會隨便把一般的傷痛和憂鬱症混為一談，失去心愛人事物而神傷，和真正的憂鬱深淵絕對不一樣。正是知道憂鬱多可怕，我花了整整兩個月才理出思緒，才能夠告訴別人，我的痛有多深。

那段日子，我幾乎下不了床。並不是因為把被窩當成避風港而不想離開，畢竟成天穿著睡衣，棲息在被子裡連日不換洗的生活方式，既不美好也不平靜。我躲在床上，因為唯有這裡可以讓我安心地蜷縮成胎兒姿勢，靜靜荒廢一整天。要是有朋友傳簡訊或打電話來，想關心我的情況，我一概不理不睬。幹嘛跟別人講那麼多？我質問自己。我不想再多講了，我好得很，不要再問了！每次電話響，都暗自希望對方不是來拷問我。對啦，我糟透了，問也沒用啦。

我足不出戶，別人登門造訪也只能吃閉門羹，不過艾瑪和克萊兒是例外。艾瑪可以讓我暢所欲言，她只會靜靜聽我說，克萊兒則是過來人，可以理解我的處境。通常，像我這樣沉溺在某種狀態的人，會很脆弱，對痛苦沒有抵抗力，所以老是想假裝沒事。只有和艾瑪還有克萊兒在一起，才不需要假作堅強，覺得痛苦就可以說出來，不必勉強面對外面的世界，將我的傷痛公開周知。

對外界不理不睬的時間久了，別人反而傳來更多關心話語。他們通常會安慰我：「別想太多，會慢慢好起來的！」有些人會用宗教的語言，比如摘錄聖經裡有關同情和力量的句子給我，或引用佛經勸我放下，去尋找喜悅。有個朋友建議我開始冥想，於是我下載一個叫「Calm」的手機應用程式，用這個來引導自己放鬆冥想。結果，我試了一次就放棄，因為我得獨自面對心中的千頭萬緒，感覺很不自在，根本撐不到三分鐘。下一次我重新來過，真正開始培養冥想習慣，已經是那兩年之後的事了。不過，那個應用程式倒是意外地讓我重拾聽雨的樂趣，因為我自小生長在太平洋東北岸，雨聲一向令我感覺熟悉和平靜，畢竟此地多雨，下雨就是生活的一部分。我把手機擱在床頭櫃上，開著那個程式，就這樣安穩睡去，睡了幾個星期以來最好的一覺。也許，雨就是我的心靈寄託吧。

要說困擾的話，這段期間最揮之不去的，倒不是爸媽離婚的事。無關乎我的父母家庭，或者自己的將來，而是我為酒精的誘惑感到煩心。我不再亂買東西，也不會心癢想買東西，但我仍想念酒的味道。不知多少夜晚，我得說服自己不要貿然下樓，不要半夜出門買酒。反正你自己住啊，不會有人發現啦——

耳邊有個聲音慫恿我，又來了，就是那個聲音，一字一句想讓我動搖。那個聲音越來越常出現，設法說服我，說親朋好友都住得很遠，沒人管得著我，而且最近我又誰都不見。真的啦，沒有人會知道。如果這些事在我戒酒的頭幾個月就發生，當時耳根子可軟多了，恐怕難以抵抗誘惑，但我知道，如今的我可以滴酒不沾就撐過低潮期，所以我下定決心，絕不妥協，也首次考慮加入戒酒無名會。

本來我對戒酒無名會一無所知，只從老爸那裡聽過集會的事情，一個朋友也跟我提過自身經驗。我爸只有戒酒的第一年去過，之後覺得沒用就不去了。他的想法是，如果已經可以擺脫酒精，好好過日子，幹嘛還一直待在那裡，繞圈子似的將酗酒往事一講再講？那個朋友則相反，儘管已戒酒三年，每星期仍固定參加聚會。兩人想法不同，但我不會說他們誰的做法比較正確，反正他們找到自己的方式就好了。

就我來說，我總認為戒酒無名會的聚會不管用，或許去個幾次就受不了吧。仔細想想，戒酒期間，每次和朋友聚會，我往往被歸類為「清醒」組，感覺格格不入，那還不如去找不酗酒的朋友請他們幫我。我的確覺得應該多交幾個不酗酒的朋友，但反正戒酒無名會給我的感覺就是不對，可能是因為這個組織有宗教背景，偏偏我不吃信條戒律那套，也不想遵循什麼戒酒十二步驟。那十二個建議內容是很好，安排的順序也很合理，但我就是不喜歡那種講話方式。

以前，我在讀寧靜禱文時，便發現自己只對兩句話有共鳴：「**一次度一日，享受當下時**」。教條式的語言常常有性別刻板印象，讓我不是很舒服，所以可能要找比較現代版的戒酒互助聚會，我才能更心甘情願地侃侃而談，或者藉此擬出一份自己的戒酒必做步驟。總之，我不覺得我能改變無名會的信條，畢竟本人無足輕重，怎麼可能改變實行將近百年的戒酒方式？

我把困擾告訴克萊兒，問她以前有沒有去過那類聚會。她說她去過一次，感想也跟我差不多，覺得跟自己不對盤。她還是鼓勵我去試試，我卻一口回絕，決心要自行克服難題。我的信念向來不強，但也足夠激勵自己「一次度一日，享受當下時」了。

比起第一次戒酒，我對酒的看法已改變許多。喝酒不再是一種習慣，我不再陷入想喝酒、去喝酒，再後悔喝酒的無限循環。我不再起意喝個爛醉，就算忍耐的過程必須滴酒不沾，眉頭也不皺一下。可是，雖然我很清楚，我不想再跟酗酒扯上關係，卻仍感到痛苦，不只心裡難受，身體也難受，從裡到外，這份煎熬都在消耗我的意志力。為了對付痛苦，我失去下床的力氣，全身上下都被掏空。**以前，酒如同一種橡皮擦，可以輕易擦去痛苦的感覺，就像以前覺得購物可以買來更充裕美好的人生**。現在，我再也不那樣想了，我不再沉迷飲酒和購物，整個人都變得更好了。

然而，這不代表我也能對抗其他的慾望。

＊＊＊

很多人習慣買東西犒賞自己，我則用食物來對自己好。既然戒了酒，不能喝一杯解饞，那就點個披薩吧，再來點巧克力，一點冰淇淋。有些時候，我晚餐會吃披薩、配巧克力和冰淇淋，這並不是無意識亂吃，而是想把難過的感覺吃掉。叫了外送之後，我會對自己編故事，告訴自己買了這些吃的之後，就能把痛苦啃蝕殆盡。我不是每天都這樣吃，也不會一次就把全部的食物吞個精光，這和從前那些放縱享樂是兩回事，我可不想因為吃太多起司而搞壞身體，也不想攝取過量的糖分而陷入糖尿病昏迷。我只是想找點樂子，每隔幾天吃點好吃的，看來這是最健康保險的做法呢。

在這些享受美食的夜晚，我通常吃飯配電視，用網飛追劇。床頭櫃上那疊書太厚太重了，讓人懶得去拿，看電視輕鬆多了——壞就壞在太輕鬆，太不費力。這時的我受傷痛折磨，筋疲力竭，也對腦海中不斷出現的種種想法厭煩不已，於是每次買了食物回家，就往電視前一坐，從之前的進度接下去看，直到時候不早了，該上床睡覺的時間，才關掉電視。

我現在的樣子，正是意識清醒有自覺，卻又選擇做出對自己有害的事：一方面，我會說這麼做是有必要的，因為我還很脆弱，或者仍需要借助物質上的滿足，才能撐過難關。另一方面，這也是我第一次能認清自己當下的行為。以前我才不會一邊吃披薩或喝酒，一邊心想：「我現在痛苦得很，這樣做會暫時讓自己好受些。」以前的我就是盲目貪吃，或者率性喝個爛醉。直到我拒絕飲酒後，得時時刻刻直接面對內心痛苦，這才發覺，以前並不是沒有痛苦過，只不過藉著飲酒作樂來強逼自己吞下痛苦。

這次，情況有所改變，我不再盲目吞下食物，沒有硬吞下任何困難，也沒有強顏歡笑。我決定，如果吃了一頓不健康的晚餐，就拍照存證，寄給艾瑪看。我跟她說，我不想再事後才產生罪惡感了。**這話不是隨便說說，我已下定決心，不想再為自己的所作所為後悔，然後才羞辱自己，我不要再陷入自怨自艾的惡性循環**。決定之後，反而感覺像在做實驗，驗證一個理論：什麼宗教經文或智慧格言，什麼冥想放鬆，通通沒用，只要我打定主意不再碰酒，也不想亂買東西，我吃的食物也有80％是健康的選擇，那就夠了吧？只稍微對自己好一點點，無所謂吧？

我承認，這種念頭不是很好，但我也有我的理由。除了別人，我只解釋給艾瑪聽，因為她是會鼓勵我做出好選擇的那種朋友。我知道，她會放任我稍微放鬆一下，等我準備好重回正軌，她會繼續支持我。以前我陷入低潮時，艾瑪會讓我盡情傷心幾個月，聽我發洩，但這一次，在我連續用披薩配巧克力和冰淇淋吃了兩星期之後，她便對我說：「親愛的，如果你吃健康一點，心情也會好些。」好吧，我知道她說得對。**我習慣觀察自己的身體，總想知道大吃一頓之後，身體會有什麼反應，因此很清楚，亂吃東西不僅影響長遠健康，也會讓身體不舒服。**

每次，在我從食物中攝取過量白糖或白麵粉後，就會不支倒地——而且是重重倒下。我會開始發冷、全身發抖，然後縮起身子，用毛毯把自己裹起來，等我醒來，才發覺自己因此虛度一個小時，搞不清楚為什麼會那麼難受。那可不是悠然睡去，打個小盹，我並不是補眠，也不是傾聽了身體的需求而好好休息一下，身體只是想告訴我，它受不了了，沒辦法消化我吞進去的那些東西。我家有第二型糖尿病家族史，所以我對任何徵兆都很敏感，因為如果我不小心，可能就會得病——我可不想餘生都被這種病糾纏。

察覺身體有如此反應後，我開始記下吃完某些東西的感覺，找出哪些食物讓我不舒服，並慢慢減少攝取量。這不算是飲食控制，只是觀察，我之前曾花了整整一年記錄自己吃的食物以及攝取的熱量，成功減重十多公斤。減肥期間，我的確節食過，也決定以後再也不幹了，就算是減肥也一樣，但是記錄「食後感」並不是飲食控制，隨時可以進行。現在，我沒打算減重，或改變身體任何部分的狀態，只是想讓自己舒服一點，所以又開始注意吃完各種食物的感覺，少吃讓身體不舒服的東西，並多攝取有益的營養，這八成是我做過最有益健康的事情了。

其實，這和當初決定還清債務而採取的做法，有異曲同工之妙。那時，我也會記下每日支出，瞭解錢都花到哪去，才能捫心自問，我對這些支出款項有什麼感想？花光所有的錢，感覺真的好嗎？這樣花錢，對人生真的有幫助？如果答案是肯定的，我就保留那筆花費，但要是我想更快還清債務，就砍掉不必要的預算，重新安排，提高還債速度。

就連我設定消費限制及之後調整規則的方式，也都大同小異：我下定決心，只把錢花在對人生有意義的東西上，比如旅遊。但我也能隨時砍掉任何一筆預算，讓自己學會簡單生活，並累積更多存款。結果，我列出我有多少物品，遵守規則，只購買必要用品，也存了很多錢，成功避免許多潛在浪費。

不論飲食、消費或理財，我所進行的各種探索，都可以歸納為兩個問題：**如果這樣做感覺不好，為什麼還要做？我現在真正想要的是什麼？**——現在，我的答案是：**我想過得好，至少要比現在更好。**

＊＊＊

過了兩星期，我終於不再依賴食物來療傷，但再度擁抱電視後，整整花了三十一天才擺脫沉迷困境。原先，電視只是提供背景音，填補夜間的靜寂空白，不久便成為不絕於耳的嘁喳聲。我一向喜歡自己住，但現在完全不想獨處。這完全是兩碼子事，**獨居是擁有自由，可以有自己的空間，盡情做想做的事，不必擔心影響別人，孤獨感則代表沒有人可以和你分享生活中的大小事。**我向來能從談話和交流中獲得很多能量，如果有室友或同伴，或許我此時此刻的人生面貌會全然改變。事實是，我只有自己，所以只好打開電視，收看線上影劇，用最喜歡的節目作背景音，充當陪伴。

一切依賴始於夜晚。兩年前，我剛開始遠端工作，當時曾對自己許下承諾，誓言杜絕所有分心因素，比如電視的聲光效果。兩年來，我的確專心工作，只不過晚上偶爾看點電視自娛。打從幾星期前，家庭變故的迷霧尾隨我回家，入侵我的生活後，我便又沉迷小螢幕，一關上工作用的筆電，就會打開電視來看。現在我連一分鐘的安靜都受不了，身旁沒有其他聲音，更覺度日如年，只好一直開著電視，睡前才關上。最後，我連睡覺時都需要聲音作伴，於是又開了電腦，整個晚上都播放著影片，製造出我要的背景音。有時，我會在半夜兩三點醒來，才跌跌撞撞起身關掉電腦。到了早上，打開筆電，頭一個看的內容又是網飛影片，影片開了卻又放著不管，逕自去沖咖啡，就這麼用背景聲音陪伴我開始新的一天。

我做的這一切都是無心舉動，是我逃避的方式，避免面對難受的感覺。我常常沒注意到自己在看什麼節目，劇中人物的聲音只是用來和我作伴，他們說什麼並不重要。不過，我還是因此看完某節目的七季，以及另一檔節目的九季內容。這段期間，我共看了超過二百五十四小時的電視，相當於十天半，或是一整年2.9%的時間，我這才醒悟，現況必須改變，不能再全天無休地看下去。白天的我很難專心，傍晚該寫部落格或做接案工作時，也毫無動力，晚上更是夜不成眠，但縱使一片寂靜令人吃不消，電視的噪音已是留不得。

我決定，要採用類似情況常用的解決方法：設定一段時間，這期間內都不能做某件事，這次我設定了一個月的期限。和剛開始消費限制和戒外帶咖啡時相同，這次我也毫不意外地產生了類似戒斷的生理反應。戒掉電視的第一天，坐下來準備吃晚餐時，還有上床睡覺前，我都異常想看電視，接下來兩天同樣心癢難耐，因為看電視已根植在日常生活中，一時想要拔除這些習慣，還需要用別的事情來替代。於是，我改變規則，允許自己電視癮發作時，可以看TED演講影片解饞，也開始多聽播客（podcast）和有聲書，剛好都是之前用「沒時間」的藉口，一直沒去接觸的內容——我才不是沒時間，只是把時間都花在別的事情上。我也不明白，**為什麼人總急著找藉口，不去做某些真正有興趣的事，明明也花不了多少時間，卻老是不斷推延，明日復明日。**現在，我則學會自問：你真正想要的是什麼？做什麼才能讓自己覺得好一些？如此，我不再用藉口敷衍，決定認真接收新知，便開始增加閱讀時間。

一整個月，我總共看了五本書，聽完數不清的播客節目，吸收各種資訊，也寫了六七篇部落格文章，和朋友多次碰面，一起討論經營部落格的點子。為了實踐不消費實驗的新規則，我找來一些零廢棄運動的資訊，設想著自己什麼時候能效仿一下。終於，我走出家門，時而獨自散步，時而和朋友結伴上山，重新接觸人群，也先後請來兩位我所敬仰的女士給我建議，同時透過電話和視訊，和更多朋友相談甚歡。和朋友大衛聊過後，我又考驗自己，要待在感覺剝奪箱，忍受九十分鐘的安靜無聲——結果感覺挺好的，我終於告別賴床人生，重新來過，好好過日子，這感覺很不錯。

當然，這一個月的看電視禁令並非完全成功，因為我還是看了十幾個小時的電視，也曾放寬規則，觀賞了兩部紀錄片。我仍然經常分心，晚上依舊睡不好，但總算不再用電視逃避那令人無法忍受的靜寂。我不再不知不覺就看起電視，而是有意為之，真的有想看的節目，才選擇挪出時間收看，不只是想要有點聲音而讓機器空轉。這個月還沒過完，我已明白這才是我想要的生活，這才是能夠持之以恆的模式。為了過有節制的生活，必須劃定界線，只在工作都完成和睡前才能打開電視，同時我也能接受環繞四周的那片靜默了。從此以後，我不能忍受浪費時間，不想再虛度光陰，消耗在其實並不重要的事情上。

＊＊＊

如今，我越來越能看清自己做了什麼或吃了什麼，對身心又有何影響，花錢之前，每每三思而行，想買允許購買的東西時，尤其深思熟慮。當初列出允許購物清單時，曾懷疑自己是不是把事情想得太簡單了？我心想，為期一年禁止購物，同時卻有允許購買清單，這樣是否自相矛盾，自找漏洞？我也擔心，如果准許自己買某些物品，會不會不小心手癢，帶回不需要的東西？**起初連自己都缺乏信心，沒想到幾個月來，我不但沒買過任何多餘的東西，購物清單反而更激勵我理性購物。**

比如說，既然只能換一件運動服，就該買最好的。買「最好」的不代表一定要買最好的牌子、最貴的衣服或最佳品質，而是選擇最適合我的，尺寸必須合身、穿起來要舒服，讓我想天天穿——目前我衣櫃裡只留下少許衣服，但每一件都符合這些標準。最近買新衣時，我設定同樣的條件，試穿結果卻屢屢不滿意，比如看似合身，實則臀部太緊或胸口太寬鬆的款式——沒辦法，如果你像我一樣，「曲線」十足，卻胸前平平，也會有相同的問題。為了添購運動服，我在店裡分別試穿綠色和藍色運動上衣，又試了黑色和灰色等平常愛穿的基本色，但總覺得哪邊不對，最後，終於由馬卡龍色拉鍊款勝出。試了這麼多，才看上一件有信心會常穿，也願意花錢買下的衣服，這可說是花了整整九個月的時間，才找出真正心儀的選擇，夠深思熟慮了吧？

選購出席婚宴的服裝、上健身房穿的褲子和冬天用的靴子時，我也同樣精挑細選。因為只能買一件，讓我更難做出決定，也讓購物過程更有意義，不再是一時衝動。幾個月前清出的四大袋衣物，仍歷歷在目，我也沒忘記以前穿這些衣服時，感覺多不自在。衣服太暴露或不合身，或不像我會穿的風格都不行，我只想穿得舒服，也希望任何買東西的決定都讓我自在，不會後悔。

結果，整個實驗過程中，可購買購物清單漸漸變成了一種保險，涵蓋少數可購買項目，也允許我換新必要物品。比如春季時，有兩樣東西得換新，一樣是手機，近來常自行關機，最後根本開不了，沒手機又很難過日子，只能換新，但我沒買最新款和旗艦機皇，因為夠用就好，我也量力而為，沒超出購買能力範圍。另一樣換新的東西則是牛仔褲，之前清理衣櫃之後只留下一條，如今已經磨破了，雖然努力縫補，只撐了七天，破洞便又重出江湖，我也從中獲得新知：要是材質是丹寧布，破洞又位在容易拉扯的部位，那就無事無補了，除非你願意忍受胯下有一塊難看的補丁。我只好乖乖拆掉破褲上的兩塊補丁，出門買了條新褲子。

經過這一連串過程，我恍然大悟，這是我第一次這樣理性購物。以前我買東西並不是為了滿足需求，而是為了將來可能產生的需要而買，比如家裡明明還有沐浴乳，偏要再用折價券買兩瓶新的，只因為我覺得「以後」總是要買。或者，看上同一款襯衫，便買下四種不同顏色，以免「以後」買不到這麼好的。我總說服自己，說優惠過了可能不會再有，要買要快，也常受廣告和促銷活動影響，相信現在不買，將來就沒機會了。**從前，我從沒想過要等有需要時再買東西，總相信有備無患，如今我逐漸明白，只有在真正缺乏之時，才知道自己是否真的需要。**

4 月

準備下一步

已戒酒

27 個月

本月存款佔收入

38%

擺脫的多餘物資佔所有物品

65%

儘管一切已回到常軌，直覺卻告訴我，還有更多變故等在眼前。之前有好幾次同樣的直覺都曾出現，這次我則有預感，必須準備一些現金和緊急預備款，未來可能不安穩，未雨綢繆，必要時可以救急。

一開始，我還不知道怎麼準備。自從清償債務後，我習慣手邊留點現金，支票帳戶裡的錢也保持在五百到一千美元間，存款有二千至三千元，其他部分則直接存進退休預備帳戶。我很滿意這種規劃方式，也滿意自己的財務現況，但既然直覺要我多準備一些錢，那就乖乖準備吧。

我找朋友多次討論這件事，問他們是否有過相同的感覺，他們又如何看待此事？有幾個人有類似經驗，猜測應該是危機當前，才會產生多準備現金的想法。他們舉了些例子，比如自己遭遇離婚、親人過世、公司裁員等等，原先走得好好的道路硬生生被拆毀，被迫重起爐灶，自然需要做好準備。當然，父母離異的確從根基破壞我的家庭，但我並沒有放任這件事影響個人財務情況——縱使其他方面充滿不確定感，我很肯定這件事不會發生。

另一個潛在危機是工作。自去年聖誕派對後，我對公司的感覺異常疏離，雖然知道自己的定位和職責，也做好分內的工作，但隨著整個公司迅速成長，分工內容越趨明確，我反而被分派到不喜歡的工作，開始和我的道德感與價值觀相衝突。我仍在會議中發言，但若我的想法不符合行銷和搜尋引擎最佳化計畫的要求，很快就會遭到否決。再也沒人重視我的意見——不應該是這樣，我認為每個人的意見都很重要，每個人都有發言的機會，也希望別人聽聽我的看法。當初在核心六人組時期，我們都會互相幫助，不論做什麼對公司都很重要，每個人的意見都有分量，如今卻不一樣了。

同時，我也受職業倦怠所苦。兩年來，我都以遠端作業的形式工作，表面上看來很夢幻，實際上有些說不出口的難處。首先是我花了大約兩年，才建立起健康的生活型態，後來因工作過度而在聖路易恐慌發作後，我便減少工作量，好好照顧自己，但維持健康是持久戰，必須堅持好習慣。於是我每天早起，在固定的時間喝咖啡休息，三餐時間也很規律，但還是常落得工作過度的結果。

另一個問題是罪惡感，這點比較少人討論，但遠端工作總會萌生一種罪惡感。既然沒人親眼監督你工作，難免比較會一直掛在線上，讓別人隨時能聯絡到，好證明自己有在工作。自從轉為管理職，這種壓力只增不減，我一整天得上線十到十二個小時，不累才怪。

和其他幾個朋友一樣，我也面臨為新創企業工作的一大難題。一旦開始在家工作，很容易認定自己應該和老闆一樣盡心盡力，如此一來，就不得不長時間工作，放棄生活中的許多樂趣，只追求公司事業欣欣向榮。若員工工作如此盡力，有些公司會大方補償，但大多數人什麼也得不到。實際上，有部分公司利用員工想要「福利」的心理，用食物、酒、遊戲室、瑜伽室、健身房和通勤補助等，吸引他們來為新創公司工作，薪資卻少於同業，甚至低得不合常理。當然，總是有人願意接受，拿出時間和精力交換這些「福利」，認為這樣做很值得，可以得到為某些企業工作的經歷，並獲得特定工作經驗。

我的公司倒沒有苛待我，確實給我足夠補償，但仍無法治癒工作過度的倦怠感。現在，我無法從工作獲得動力，對團隊夥伴間的溝通現況失望，不管提出任何意見也無法獲得重視，令我相當灰心，想到一星期還得花五十到六十小時做這些事，實在累人。

四月份，某個晴朗的下午，我終於崩潰了，氣得對電腦比中指、大聲飆髒話，然後大哭一場，這才發覺自己有多不快樂。幾星期以來，我常對電腦比中指再大飆髒話，但這樣大哭還是前所未有。知道爸媽要離婚後，我不時傷心啜泣，但工作壓力大也讓我變得愛哭，因為我已瀕臨臨界點，維持現況只是有害無益。畢竟，**比起對雇主的忠誠，我的快樂更重要，能做想做的事也比收入穩定來得要緊**，所以，我得辭掉這份工作。

在此之前，我從沒認真想過接下來該做什麼，當初進公司時，也沒想到會走到這一步。我一向熱愛寫作，但高中畢業時，我認為應該腳踏實地一些，去找一份收入頗豐的工作。年輕時我一度想當會計師，因為高中時曾在兩門會計課程名列前茅，便自認適合走這行。大學時我修了一學期的商業學程，卻發現自己不適合從商，整個學程裡，唯一喜歡的課是行銷學，於是便退出學程，轉向傳播學領域。

攻讀傳播學學位的同時，我申請了公部門實習。在那三個月裡，我的工作內容包含撰寫媒體通告、新聞稿和閣員的講稿，代表我要整天找資料和寫稿子，但我樂在其中——因為寫作竟然能賺錢！此外，想到有權有勢的重要人士會讀我的東西，也是一種工作誘因。儘管好處多多，有人付薪水讓我寫東西，這工作仍有許多不盡如意的地方，比如工時很長，早上六點就上班，傍晚六點才下班，工作內容也常枯燥無趣。不過，大學畢業後，我仍認定這是我想做的工作，就在這個領域發展吧。

我設想著，二十幾歲時從公關專員當起，三十歲後升為公關組長，四十多歲時可成為公關部主管，最後當上公關處長，直到退休。我自幼成長在充滿公家機關的維多利亞，自然認同公職，認為早點入行捧著鐵飯碗，一生就能不愁吃穿。我當時打算效法爸媽，工作三十五年，然後退休領退休俸。

不過，世事難料，人生不會照著計畫走，我也發現這是好事。如果一切按當初的規劃，那麼出社會後的頭五年，我不會進入教育出版業，也就遇不到那麼多厲害的老師，學不到課程設計的各種細節。要不是遇上政府進行為期兩年的人事凍結，也不會自覺找不到方向，最後終於考慮離開公部門。如果計畫一切順利，我大概不會開始寫部落格，不會遇到有讀者請我替她任職的網站工作。因為這一切際遇，我才有機會向老闆學習，才有她鼓勵我繼續追求因部落格得到的機會。

說起來，老闆當初雇用我，算是很冒險的決定，畢竟她也沒見過部落格「金髮金錢觀！」的作者我本人。我很感謝她為我做的一切，也對她相信我而覺得虧欠，這正是我掙扎許久的原因：老闆相信我，好像因此欠了人情，既然她在我身上花了大把銀子，我就得證明自己值得。

我從沒想過下一步做什麼，因為沒想到我會離開。我一直很滿意，不覺得有必要換工作，以為會一直做下去，幫助公司繼續成長茁壯，直到此刻，我發現自己不想再待下去。如果我比較想做別的事，那就得到別處去做，但我還不知道應該去哪裡，也不知道自己想做什麼。之所以產生離開的想法，是受了朋友的影響。某天，遠在丹佛的凱拉告訴我，目前的工作讓她很不快樂，她已下定決心，七月之前要辭職不幹，我這才恍然大悟，其實我也應該效仿她。**我也需要到此為止，需要離開這個永無止境的隧道，需要看見出口的亮光，我需要**

離開。

　　不過，七月前就辭感覺太快了，因為我還有想完成的企劃，五月份也排定要去多倫多一趟，需要一些時間緩衝。直覺也告訴我，我得再多存點錢，準備周全的離職計畫。我還不曉得之後要做什麼，但心裡有數，這份工作不能再做下去，至少年底前得離開。再多的錢，都彌補不了我流的那些眼淚，如果這表示我該換工作，就換吧！

　　考慮過後，我把期限定在九月一號。五個月的時間，應該夠我找份新工作，也夠我累積存款，如果生活費需要動用帳戶裡的錢，至少能撐六個月。

　　後來，我又決定立下「進階目標」，藉由提高難度，挑戰自己是否能更快完成計畫。之前，我成功挑戰較預定期限更早還清債務，原本預定三年內還清，又決定縮短為兩年半，最後只用兩年就完成。減重時，還有進行半馬訓練時，我都曾設定目標，然後提高難度。現在，我也要為離職一事設下進階挑戰目標，以便刺激我積極作為，及早脫離當前困境——七月前提辭呈，是太趕了，但我仍在便條紙寫上這個日期，貼在電腦上，每天都能看見。九月一號是最後期限，如果七月一號就能達成目標，那就更好了。

＊＊＊

決定離職後，我發現自己的日常花費變少了。在消費限制實驗前，我每月最多只存下收入的10%，表示我每個月花掉90%的收入。消費限制的目的之一，正是逼自己學習減少生活開銷，存下更多錢，這正是我幾個月來所做的。

頭幾個月，我通常可存20%至30%的收入，到了一月份和二月份，我分別存了56%和53%的收入，意味著我每月生活開銷已降到44%到47%。我已證明當初的想法：我可以減少花費，不需要像從前那樣花那麼多錢，我能存錢，也有錢出門旅行了。

但願能說我完全不想炫耀，事實上，存款增加後，我的確幻想過要跑到商店和購物商場的屋頂上，大聲宣告我的新發現：**想知道你為什麼沒有存款嗎？那就別再買不需要的東西！**講真的，這裡根本沒有你會用到的東西啦！在部落格上，我已寫財務議題寫了將近四年，還清三萬美元的借款，也開始存退休基金。我早該知道，**達成財務目標並不需要賺很多錢**，但我仍身陷消費主義的惡性循環：我會想，我的收入應該逐年增加，才買得起想要的東西。多虧這個惡性循環，只要多賺了錢，我就會花掉，因此存款總是少得可憐，而且慾望永遠無法滿足。幸好，**不消費實驗證明了另一件事：慾望越少，花費也越少，需要的錢就跟著減少了。**

我問凱拉，等她辭掉工作，打算做什麼？她回答，她要重拾全職自由寫作的工作。她之前也做過同樣的工作，曾經數度掙扎，經過多年，累積了許多見識，才產生回頭寫作的想法。我不只為朋友的決定驕傲，也暗自嫉妒她的勇氣，因為毅然決然辭職，重拾寫作志業，聽來真是無懼無畏。凱拉很明白自己想做什麼，也付諸行動，勇氣令人稱羨。

然後，凱拉也反問我接下來有什麼打算，我只好承認目前還沒有想法。我已開始看求職資訊，但還沒找到心儀的工作。雖然求職資訊上的工作待遇都不錯，可是我對那些開出職缺的公司毫無興趣，工作簡介聽來也很乏味。凱拉聽了之後，打岔說：「**那你到底對什麼有興趣？**」

我從沒問過自己這個問題。目前為止，我做過的工作都是為了累積經驗或賺錢，還沒有哪個讓我做得開心的。我老是說「還可以啦」，一邊又看著時鐘，數著還有幾小時才能下班。我總覺得自己被綁在辦公桌前，為了付帳單和還債而做牛做馬。我不斷購物，認為買某些東西可以讓我變成更好的人，為了買這些東西，只好尋求較高薪的工作，才買得起。大概是經濟因素使然，我一直以為，如果隨興去做想做的工作，自己會負擔不起那樣的生活，結果，我從來沒停下來思考自己真正想要什麼。

在金錢方面，我會控制預算，記錄支出內容，在做重大決定時，確保經濟資源無虞——比如辭職在即，手上有些錢會更安心。我能設想將來的情形，知道得先花五個月充實存款，才能放心提辭呈。同時，在我回顧進行消費限制以來的預算控制，又理解了一件事：現在，我每個月的生活費相差不大，甚至比以前的花費更少。至於每月支出佔收入的比例，則多有變動，因為有時我出門旅行，這方面開銷較多，但如果預算不夠，我也會乾脆取消旅行。除此之外，每項花費都是大幅縮減，更神奇的是，現在我每月的支出金額，正好和自由撰稿的收入相當。

起初，凱拉說她要做自由撰稿作家時，我還沒想到自己有一天也會走上同一條路，因為我從未打算自己創業。我知道，不少部落客會努力做自己的網站，希望哪天賺夠了錢，就能辭掉工作，全心投入寫作，可是這從來不在我的規劃裡。之所以寫部落格，只是想記錄償還債務的過程，選擇部落格也是因為這個方式很可靠，又能接觸到處境類似的人。開始做部落客後，我認識了一些人，也接過幾件兼差工作，但一切都只是玩票性質。我從未想過要創業，如今竟成了眼前的選擇。

經過不消費實驗，我也發現原來兼差寫稿的收入已有一定水準，足以應付日常生活開銷，如果想要增加存款、預備稅款和旅遊，也更加清楚應該賺多少錢才夠。原本，我不確定能否適應收入減少的生活，但消費限制的成果讓我知道自己辦得到。如果想要更多東西，就得賺更多錢；如果慾望變少了，需求也降低，也更容易算出自己真正需要的收入。總之，就算賺得比現在少一些，生活也不成問題，要是有機會嘗試想做的工作，我願意冒險一試。

我擬定了新計畫：多找到幾個客戶，確保收入來源，再辭掉工作，專心經營我的部落格和自由撰稿事業。風險可以預見，但一切必定值得。

之後，我開始閱讀一些有關自行創業的新書和部落格文章，也聽了一些相關議題的播客。有了之前限制自己看電視的經驗，現在我只在工作完成後，以及晚上九點前接觸媒體資訊，電視和播客都在限制範圍，只求別影響工作或睡眠品質。我盡力不沉溺於影視娛樂，但允許自己吸收新知，不僅學到有益的知識，也尋求需要的建議，不再像先前那樣花費大把時間看電視了。

在聽某個播客時，我發現自己開始在心裡做筆記，想記下一些創業實用的建議，便按下暫停鍵，找出紙筆，速速寫下。幾週內，家裡已堆滿抄寫筆記的紙條、圖書館借來的書，還有還書通知單。我也會撕下舊寫生簿的空白角落，貼到牆上，形成一個亂七八糟的時間軸，一路列出辭職前的代辦事項。比起去年十月上網分享時的有條不紊，公寓裡亂得多了，但此刻的我並不在乎，這是幾個月以來，第一次這麼有動力。

隨著計畫開始著手，感覺更加真實而且可能實現，我決定每天找一個人，告訴對方我要辭職。我的理由是：告訴越多人，除了越有機會爭取到這些潛在客戶，同時也得說到做到，要給這些人交代。我不想食言，我不會退縮。

起先，這樣找人坦白還滿有趣的，可以分享新規劃，也可以討論未來會發生的事。不過，除了老闆之外，還有一個人是我不敢面對的——就是我爸。根據之前和他討論財務問題的經驗，老爸應該會替我緊張，因為他從十七歲起就在公家機關工作，習慣穩定。我也擔心他會說辭職很蠢，或指出我的計畫裡哪邊有問題，但無論如何我都很看重他的意見，希望他能支持我。過了兩星期，我已先後和十四個人坦白辭職的決定，得到他們的支持，這才鼓足勇氣找老爸談我的規劃。我還沒談到存款，他便說：「你一定做得到啦！」好吧，我早該想到，老爸也對我的直覺有信心，不會反對。

有了新方向，我不再對電腦比中指咒罵，也不哭了。我不能阻止爸媽離婚，也不能決定全家人的未來，但我可以掌握自己的人生——終於有值得期待的事，感覺真是好極了。

5月

抵達新境界

已戒酒

28個月

本月存款佔收入

24%

本月完成信心

100%

進行了十個月的消費限制後，我這才驚覺，上次想亂買東西究竟是什麼時候，已不可考，以前有許多因素會刺激我的購物衝動，如今再也不能動搖我。有時店家會在網站上打廣告，促銷我喜歡的蠟燭，現在的我就算看了廣告也心如止水，就算家裡的蠟燭快用完了，也不會衝出門去買。我向來喜歡在寫東西時點蠟燭，但既然一月份修改過實驗規則，需要蠟燭大可自己動手做。

儘管我還沒去買材料，一想到我有選擇自由，可以自製蠟燭或乾脆不用蠟燭，不妨暫時試試沒有蠟燭的生活吧。我對現在擁有的一切已經很滿足，也有自信能持之以恆，完成為期一年的消費限制實驗。

因此，我相信自己可以安然度過本月份的所有旅行。與之前每個月相比，這次旅行時間合計有二十四天，是我有史以來離家最長的期間，而且這當中要前往好多個地方。每一趟旅程都有個別目的，不過有一個地方還真是一點也不想去。

從第一個部分開始說吧：首先，我飛到多倫多，進公司辦事去。在提交無數請求後，老闆終於同意請個新人來應付與日俱增的需求，不再老是仰賴特約寫手。幾星期前，我就讀遍了應徵者的履歷，從中挑出可以考慮聘用的一部分人，請他們試做撰寫與編輯工作，最後安排在公司裡面試。完成一切後，請來了新人，對方也答應來工作，真是讓我大大鬆了口氣。在旅行期間，我在工作上就能多個幫手，對現在的我來說，真是再好不過了。

進公司三年來，我從未好好休過假。為了開會，我會搭飛機來回某地，旅行個兩三天，二月的紐約行，我也幾乎都在工作，一切只因為我單打獨鬥，沒有人可以分擔責任。當初成為團隊裡第一個總編輯時，還很慶幸能有這個機會發揮自己的能力，為這個職位打下良好基礎。後來，我發現我是唯一負責寫稿、唯一負責編輯內容，讓文句符合內容指南的人，公司裡只有我管理部落格後端，還有許多單獨扛下的責任，做得再多，卻沒讓我成為團隊裡的靈魂人物——既然我不夠重要，就沒資格請長假休息，但現在的我實在需要好好放個假。沒錯，我不只想休息，巴不得早點脫離，只不過離職前，還是得先休假一下，喘口氣。

離開多倫多，我搭飛機回維多利亞。班正好回家放暑假，我和艾莉這才親口告訴他爸媽要離婚的事。他表示，他也沒想到會這樣，並說：「我以為，我們從小到大看到的，都是婚姻美滿的榜樣！」三人在離家不遠的木造步道邊走邊聊，花了些時間討論各自對後續發展的想法。這是我第一次看到班這樣敞開心胸談論自己的感受，因為他平時是個話少的理工人，離家求學顯然讓他成長不少，變得更加成熟了。他說的每句話都讓我心生驕傲，等到我問他，這整件事是否影響他的情緒，他的回答更令我欣慰。

「我沒事。」他答：「我是說，反正事情都發生了嘛。」

反正事情都發生了，回不去了。我們不能否認事實，就算再三哀求也無法改變現狀。對於家庭變故，班既不憤怒，也不傷心，他好像跳過我經歷的許多悲傷階段，直接到達「接受」的終點——他接受了事實。這正是我們現在的處境，唯一能做的就是往前走下去，其實我們都知道這個道理，但班才是第一個說出口的人。

我花了幾個月擔心艾莉和班能否面對，想到將來就倍感壓力，以排行老大的使命感，不斷想著我是否能帶領大家走上新的康莊大道。打從「孩子們」出生起，我就照顧他們，但如今班能說出那樣的話，已經證明他不像想像中需要我的幫忙。他好得很，我們也都會好好的。之前，我從沒想過弟弟會帶領我走出這場負面情緒的循環，給大家指出接下來可以走的方向，如今他卻真的成了引路人。他把我拉出悲傷的深淵，讓我重新腳踏實地，感到心安，也指出了往後全家人的未來。

＊＊＊

接下來幾天，我仍待在爸媽家，卻一點也沒休息到，盡忠職守做好做滿。然後才和朋友莎拉結伴搭機前往紐約，她也是我在個人財務部落格研討會認識的同行。到了紐約之後，我們打算進行十天的公路旅行，我希望可以利用這十天好好放假，完全不碰工作。當然，為了平衡進度，出遊前一週就得先趕進度，在五天內完成半個月的分量，幸好我辦到了！上飛機時，我的兩隻眼睛仍疲憊充血，但我辦到了，放假啦！

在發現爸媽要離婚前，我就和莎拉規劃好這趟出遊。當時加拿大元對美元貶值，我倆都知道這一趟旅費不便宜，便想方設法省錢：多虧機票有同行獎勵，兩人同行一人免費，省下一筆機票錢，然後我們上網看住宿資訊，尋找有哪些旅館空房時段正在出清——莎拉自己在高檔旅遊網站工作，便用一篇評論，替我們換來幾晚免費住宿。當地交通部分，則用美國國鐵的折扣碼省下車票錢，也盡量利用點數減少租車費用。臨行前，我們已打點好一切，該訂的都訂好了，而且每樣東西都省到錢。

抵達了第一站紐約，我們前往聯合廣場的一家墨西哥餐廳，然後帶莎拉到Strand書店逛逛。這家書店賣的書數量極多，我每訪紐約必來這裡看看書。因為進行消費限制，自然不方便「下手」，但無論如何，來紐約還是不可錯過這家書店，好比去巴黎不能錯過艾菲爾鐵塔，兩者都非去不可，非看不可。

接著，我們搭火車去波士頓，吃了煙燻牛肉三明治，享受美食之後，進行歷史巡禮，再沿著燈塔山的狹窄磚道往下走，來到海邊。當晚返回旅館後，我和莎拉泡了一壺紅茶，把一雙累癱的腿抬高擱好，悠哉吃掉買來的閃電泡芙，充當消夜，一次一口，慢慢享用。如果旅程在那晚就結束，也夠心滿意足了。

行程第二天，我們打算去哈佛大學看看。雖然沒機會進常春藤聯盟的學校求學，但至少可以用一天時間逛逛校園，揣摩當哈佛學生的感覺。我們進哈佛校園散步，在樹蔭下的草地避暑。教職員、學生和觀光客在我們身旁疾走而過，只有許許多多的松鼠停下來望著我們。之後，我們繼續在陽光下的校園裡走走，先去瞻仰約翰．哈佛的雕像，並仿效傳聞，摸摸他的左腳趾祈求好運。

結束波士頓行，我和莎拉又回到紐約度週末，決定非到百老匯看一次音樂劇不可。這已經是我第四次來紐約，絕不能再錯過上劇院的機會，我不特別愛看音樂劇，但百老匯畢竟不一樣，紐約本身也別具魅力，在這裡每個人都可以找到自己喜歡的東西。我們買了兩張《芝加哥》晚場優惠票，進了劇院，三小時後，兩人返回旅館，手舞足蹈唱著劇中歌曲〈爵士春秋〉。隔天早上，開著租來的車出發時，嘴裡還唱著歌，離開了這座城市。

接下來這一週，莎拉和我到了些意想不到的地方。旅行開始前，我們只訂好旅館房間，安排好晚上睡覺的地方，白天的行程卻空空如也，不論到哪個城市都打算見機行事。離開了紐約，我們前往費城，途中臨時決定停下來休息，逛逛普林斯頓大學——那就再花幾小時，假裝又上了一次常春藤盟校吧！

到了費城和華盛頓特區，住宿問題也不必擔心，因為莎拉在兩地都換到了同一家連鎖品牌飯店的房間——我從沒想過這輩子會入住麗池卡登這樣的高級酒店，除了「高級」之外，真不知道怎麼形容，正好說明我像個鄉巴佬，不屬於這樣的地方。走進酒店時，身穿五塊美金買來的平價T恤和卡其褲，感覺格格不入，不過我總算親身體會高級旅館的住宿體驗，果真令人難忘：人才剛進門，還沒和服務員打招呼，他就能稱呼我們的姓名。一進房間，發現盤子裡堆滿飯店自製的糖果，糖果上還用巧克力淋醬寫上我們在Instagram常用的標籤「#莎拉凱特東遊去」。每晚回房，兩張床早已鋪好，窗簾拉上、桌燈點亮、被單拉開，枕頭上還撒了些巧克力，精心歡迎貴客歸來。莎拉對此早已習以為常，對我來說卻是頭一遭，真是長見識了。

在華盛頓特區最後幾天，我們到喬治城一遊，正好遇上雨後彩虹，從噴泉上方七彩橫過。這時，有種感覺告訴我：沒事了，已經沒事了。我不是每分每秒都開心，從波士頓搭火車往紐約的途中，更曾潸然淚下，也在旅途中發簡訊給艾莉，互訴憂慮。站在噴泉前的那一刻，我忽然覺得好多了。這一路走來，我漸漸能和莎拉一起笑鬧，也能放聲唱歌，這說明我已獲得充分休息。**最重要的是，我把自己放回第一位，不再為別的人別的事傷神，以為對別人有所虧欠，或認定自己該成為某個樣子。**想做什麼，我就去做，快樂才是當務之急——於是，我放下了。那天，在喬治城拍下的照片很美，成為心中最好的風景。

隨著旅途中走過每一哩路，停留每一座城市，我更加明白，要不是消費限制的功勞，我怎能來到這些地方？這一年哪來餘裕旅行這麼多次？高中畢業時，我就立志要多看看世界上的不同地方，只不過一直沒錢出門。今年以前，唯一一次不是家族出遊，且不是出差的出國旅行，就是到賭城來一趟女生專屬週末度假，這還是因為到拉斯維加斯的旅費異常便宜。我的朋友們都能隨口說出一堆歐洲、東南亞、澳洲和紐西蘭的冒險故事，我只能聽，沒東西可分享。之前沒能多多出國旅遊，原因只有一個，就是沒錢，但要是能早點整理一下公寓，就知道自己不是沒錢——至少能先刷卡吧，可是以前的我只想把錢花在別的地方，旅遊之夢遲遲無法實現。

那時，我也老愛說工作太忙，沒空度假，一心想多賺錢，只為買下自己要的東西，慾望生生不息，當然得更賣力工作，這個循環導致我買下一大堆東西、債台高築，卻什麼也沒得到。直到現在，我才領悟，過去十一個月來，儘管我丟掉不少東西，丟了什麼，卻幾乎一件也想不起來，過往每次旅遊的細節，卻是歷歷在目。不必帶紀念品回家，就能永遠回味旅程，不論嘗過的食物滋味，看過的風景，或當地陽光灑在肌膚上的感受，只經歷一次也永遠不忘。這才是我十幾年來真正想要的，現在終於得到了。我終於開始過想夢想中的生活了。

旅行最後一晚，莎拉和我坐在床上，打開筆電，速速趕出積欠客戶的稿子，並安排隔週要打的電話和要開的會。莎拉早在一年前就自立門戶，一向是我規劃未來的靈感來源。她給我立下模範，讓我能設想自己要的「成功」是什麼模樣：在效率最好的時間工作，多花時間和所愛的人相處，並且環遊世界。我問她，如果我離開公司，接案維生，這樣行得通嗎？「你很擅長和別人建立關係。」她如此回答，又加上一句我爸也說過的話：「你一定做得到啦！」

之後，我們開著租來的車返回紐約，預計在紐約搭機返鄉。途中，我收到一封電子郵件，通知我得到一份難以抵抗的差事。在此之前，我才四處告訴親友，說我想離開公司，當接案的自由工作者，這下就有客戶寫信來告訴我，說他們今年有很多要做的工作，可以讓我一路忙到年底，並說只要我準備好，隨時能開始，而且工作量可以自行決定。「這不就是你想要的嗎？」說實話，我不知道。這不是我真正想一頭栽入的工作，也不如其他客戶合作所賺得多，但我明白，這個機會代表了「離開」，是通往他處的出口，意義重大。

目前我還是有所顧忌，不敢一頭往前衝，不確定自己是否已經準備好，也不知道客戶會不會哪天不用我了，到時候該怎麼辦？要是其他客戶也不想用我，又如何是好？不過，至少有一件事是確定的：多虧我之前在工作之餘接下許多案子，存了足夠的錢，可以撐到年底。如果到時候改變心意，不想再當自由工作者，半年嘗試，也算值得。

旅行結束，回到家中，我便打電話給老闆，在離職前一個月事先通知。消費限制期間結束前，我就能重獲自由了。

6 月

打包帶走新人生

已戒酒

29 個月

本月存款佔收入

42 %

擺脫的多餘物資佔所有物品

70 %

本月完成信心

100 %

距離消費限制結束，只剩幾個星期，我卻經歷了一年來最不安定的一段日子，同時也格外積極向上。一早醒來，想到很快就能獨立門戶，便感受到腎上腺素激勵的作用，讓我踮起腳尖，愉快地在家走來走去。偶爾在廚房煮咖啡的同時，我還會搖擺起舞。坐到桌前，專心地解決最後幾件待辦事項。我挺起胸膛，深呼吸，讓肺和全身都充滿希望的空氣，心想：就快結束了，很快就能呼吸自由的空氣了。

直到此時，才發現自己的某些改變，讓我更喜歡自己了：比如還掉所有債務，證明自己有足夠的決心，又因為實行嚴格的預算，讓我發現自己其實善於利用資源，不必凡事花錢解決。找回健康的主導權後，我更能管理自己的身心狀況，也因為不再喝酒，知道自己不必靠酒精的力量獲得快樂，或藉此展現魅力。最後，用一年時間杜絕衝動購物，我發現自己的意志力比預料中更加堅強，也不再計較自己能得到什麼，對現況更容易滿足。

要做到以上每一項都不容易，但這些挑戰逼我調整習慣，走出了舒適圈，每一次過程中，我不時擔憂畏懼，原因不外乎是害怕改變，也害怕隨之而來的不確定感。現在我即將辭職，自力更生，這也是令人擔心的改變，但我想我已經準備好了。

當然，我心裡還是怕怕的。每次在廚房裡跳舞都會停下來，想起自己竟然要放棄穩定的工作，和定期進帳的收入。這時，我會設想將來的各種情況，預想每個月可以賺多少錢，對我的預算和規劃又有什麼影響。然後，我會再看看存款——現在，距離設定的目標金額，只差一千元了——又想起接下來的計畫是可行的。我已經用五個月的時間準備存款，而且其中大部分只花了三個月的時間就累積起來，畢竟現在我有目標，存錢就變得容易許多。我有決心，也有準備，計畫一定能成功。

其實，我最擔心的並不是錢的問題，而是得打電話給老闆，告訴她我要辭職。想當初，她大膽雇用我，讓我一直覺得有所虧欠，說起來，她真的是個很好的朋友，也是創業典範。她教會我許多財務方面的知識，也讓我知道，能和自己喜愛的人共事，而且大家都熱愛自己的工作，有多麼可貴。老闆能在開會時大談公司最近做的高額交易，話鋒一轉，又問起你最近有沒有看某個節目，完全不會擺架子。有一次，她要上電視接受直播訪談，事前緊急打電話來，請我陪她排練可能會談到的主題——這個例子告訴我們，有需要就該求助，千萬別覺得不好意思。遇見老闆前，我從沒和這樣的人共事過，也難怪辭掉以前的幾份工作時，我都毫不留戀地離開，因為那些工作毫無挑戰性，也學不到東西。然而，多虧了老闆，我才知道，真的可以在同一份工作中，同時獲得挑戰、學習和成長的機會，即便離職，我也有能力找到新的機會。在很長一段時間裡，我都很滿意這份工作，從沒想過要離開，更沒想過要自己出去闖，從事接案工作的自由業——以前的規劃裡沒有這些，但事到如今，我開始想，說不定這是命中注定呢。也許，從當初抱著挑戰的心情和彼此共事、從老闆身上學習，到現在準備自立門戶，都是冥冥之中注定發生的一切。我終於下定決心，打電話給老闆，結果她竟也有同樣的想法：「其實，我一直有預感會接到你這通電話。」我隱約感覺到，電話另一頭的老闆臉上正掛著微笑。

我們忙了一整個月，首先開始徵求新人來遞補我的位置，但不巧中間卡著假期，等到我人都走了好幾個星期，應徵者才給出答覆。同時，我訓練了團隊裡的幾個人來接替我的工作，寫幾份文件描述我的工作內容，幫助新編輯上手，又設計了一套流程，讓合作的寫手能在過渡期工作順利。幾個月來，這是我第一次感覺到，原來我的組織調度能力還是能有所發揮，真是令人欣慰。

離職的日子越來越近，我卻無法專心工作，老想著未來可能發生的問題：以後的日子怎麼過？還會有時間寫部落格嗎？要怎麼應付接案維生的工作型態？如果哪個客戶不想再用我，會怎麼樣？要是所有客戶都跑了，到時怎麼辦？每次這些問題困擾我時，我便看看存款數字，告訴自己：沒事，一切都會好好的。我的工作已經排到年底，在那之前都不必擔心。儘管不知道以後會如何發展，至少可以用半年的時間去過想要的生活，一切必定值得。充滿不確定感的生活一定很不容易，但之前也有經驗，這不是第一次了，我絕不會慌了手腳——話說回來，其實從戒酒之後，我的生活中就充滿變數，所以，不妨拋開憂慮，「一次度一日，享受當下時」吧。

最後一天上班的日子，我清空電子郵件的收件匣，也一一撕去四月起就貼在電腦上的紙條。七月一號不只是一個「進階挑戰」，在兩個月前，看起來仍遙不可及，但現在我已經明白，**只要訂出先後順序，凡事皆有可能**。

＊＊＊

提了辭職之後，我也考慮搬回老家。最初，我因為這份工作搬離維多利亞，本來預計退休後才回歸家鄉。以前，我一向認為，所謂成功的人生就是一路在職場往上爬，但維多利亞欠缺這種環境，是不折不扣的行政中心，舉目所見都是政府機關，想在其他領域奮鬥，這裡並不適合，而我也不想再回公部門工作。我不希望心裡只想著每年都升遷加薪，而大都市裡的生活感覺上盡在追逐名利，多工作、多賺錢，一切都要變得更多，可是這不是我想要的，現在的我也不需要這些。我賺的錢只要能維持生活、能存錢，負擔得起偶爾出遊的旅費，這樣就夠了，經過消費限制，讓我更加清楚一切所需的花費，所以我不必再追求賺大錢了。

搬回老家還有另一個原因，是為了放慢生活步調，因為城市越小，步調就越慢，居民多半慾望較少，對生活中的所有小事都會心存感激。我希望身邊的人都重視生活甚於工作，喜歡多花時間出門，而不是整天泡在家裡上網，也會親自動手做事，而不是只想著「花錢追求方便就好」的態度。

以前，我認為我得到大都市奮鬥，建立名聲和事業，因而搬到多倫多和大溫哥華地區，卻從來沒停下腳步，想想我是不是真的想要這樣的人生。後來發現我不想成為眼中只有金錢和地位的人，現在的我更清楚自己的價值觀，也希望四周的人都樂於分享。另外，如果我想做自由業，住在哪裡都一樣，那麼何不住在有家人和朋友的地方？我不知道這次搬回去，會不會從此定居下來，但想想，反正任何事都不是永恆的，如果要一次度一日，從小長大的家鄉正是最佳選擇。

我開始打包行李，一邊回顧過去這一年的情況，不禁放聲大笑，心想一開始要進行消費實驗時，親朋好友應該覺得很荒唐吧？我告訴他們，在一整年的時間裡，除非必要，我絕不買東西，大家聽了紛紛揚起眉毛，拋出許多問題。我又多說了一點，坦承我打算丟掉用不到或不喜歡的東西。當時的我，無法有條有理地說明不消費和丟東西有什麼關聯，也不能解釋我為什麼想同時進行這兩件事。我不知道最終目標何在，也不知道計畫會對我有什麼影響，我只是一頭栽入兩件事，像以往一樣勇往直前，並暗自希望一切順利無阻。

最初，我預期實驗結果不是大失敗，就是經歷人生中最有希望的一年，很高興結果是後者。這一整年裡，我強迫自己放慢腳步，認清想花錢的衝動來源，也正視壞習慣，加以改正。所有行銷話術想說動消費者，讓大家相信自己需要的東西——所謂最新最好的商品、宣稱可以解決問題的產品，還有讓人增添品味的事物——我通通放棄了，再也不需要這些。我不再輕易受到引誘，只保留最基本的必需品，如此過了不能買新東西的一年，反而發現，**原來只需要最簡單的東西，就能好好生活。**其實，這個道理適用在所有人身上，根本沒有人需要那麼多東西。以前的我深陷不斷「想要」的慾望循環，總是想要更多、想買更多，結果也需要更多錢，但消費限制的結論戳破了這一切假象，事實是：**一旦決定減少慾望，就不需要買一大堆東西，當然也就不必持續追求財富。**

清理家中物品，丟掉70％不需要的東西，則帶來另一種啟發：原來，過去二十九年的人生，我不論做任何事或買任何東西，都只為了滿足想成為「更好的人」的慾望，於是擁有了各式各樣的物品，也把時間心力花在不對的事情上，只因為覺得自己不夠好，想做點什麼來改善。我總是不夠聰明、不夠專業、不夠有才華也沒創意，**我不相信自己原本的模樣，也不相信自己能對問題提出獨到的見解，所以尋求物質生活，想藉此改頭換面。**經過了這一年，我好好釐清一切混亂的來源，並且正眼看待真正的自己：我是一名作家，也是讀者，喜歡健行和旅遊，養狗，喜歡動物。我是弟妹的姊姊、爸媽的女兒，也成為許多人的朋友——我從來都不是重視物質生活的人，我看重的是身邊的人，以及彼此分享的經驗，這些都不能從家裡那一大堆東西得到，真正重要的事物，已放在心上了。

如果單純進行一年購物限制，我會更瞭解自己的消費行為，如果只清理掉家中物品，我會更清楚自己真正的喜好，但同時進行兩件事更是別具意義，逼迫我別再渾渾噩噩地過日子，做任何事都要慎重考慮，並且**學會質疑自己所做的任何決定，捫心自問：我是什麼樣的人？我擅長什麼？我在乎什麼？這輩子真**

正想要的東西是什麼？從家族史來看，我有機會在這世上活上八十五年，這麼長的時間該如何度過？當然我得賺錢養活自己，得喝水吃飯才能生存，但我也夠幸運了，生存之餘，能選擇自己要怎麼花錢，能決定吃什麼食物。同時進行消費限制和清理多餘物資後，我得到啟發，成了更理智的消費者，能夠存錢，更有能力關心他人，**對最小最簡單的事物，也都能心存感激。**

有時，我會猜想，如果早點改變生活態度，人生會有什麼不同？要是我接受老爸給的那些建議，謹慎用錢，一切會有什麼不同？在我反省自己的消費習慣時，常常思考這個問題，尤其是有關喝酒的過往。如果我沒落入那些慾望和放縱的深淵，會變成什麼樣子？不過，我也明白，沒有以前的錯誤，就沒有今天的我，這不代表父母從前的規勸都是白費力氣，正是有他們一路以來的教導，現在我才能想通這些問題。有時直覺會提醒我，說我做了不好的選擇，這可能也得感謝爸媽教給我的正確觀念，我才能想到這些。當然，我還是會犯錯，但也不再追求以前那些東西，更清楚自己想要什麼了。

剛開始挑戰消費限制時，出發點是解決「錢的問題」，這個故事正是由此開始，正如我人生中其他片段一般，為了存款或入不敷出而煩惱，進而做出改變。戒酒替我省下一大筆開銷，消費限制也有異曲同工之妙，但回想起來，這一切不真的是只為了錢。**不消費的結果是我拿回人生的主導權，找回真實的自己**，神清氣爽，重新來過。我克服了挑戰，翻轉人生，不僅一年之內拉回價值一萬七千元的消費慾望，也拉回了逐漸迷失的自我。

＊＊＊

整理搬家行李時，我在飯廳的鏡子裡看見自己的樣子，這才驚覺，原來沒有化妝呢！開始不消費實驗前，眼線筆、眼影盤和睫毛膏都是不可或缺的必需品，因為我完全不敢讓人看見我疲憊的面容，光用想的就嚇死人。現在，我除了保溼乳液，臉上什麼也不擦，上次擦保養品或化妝的時間已不可考，倒也是意料之外的發展。正如我不會去干涉別人怎麼花錢，我對女性是不是「應該」化妝沒有特定立場，我的化妝習慣只是個人選擇，但也從沒想過不再化妝。不過，經過一次次的經驗，**我體會到，任何微小的改變都會帶來豐富的收穫，更**

會激勵自己再做出其他改變，調整心態，做出其他選擇，用不同的方式過生活。因此，要是將來我又開始化妝，也不會「粉飾」真正的我，因為**我就是我，我已坦然接受自己的模樣。**

打包的工作只花了幾小時便完成，因為早先整理多餘物資之後，我只留下三成物品，整理起來不太費力。除了家具之外，我只用八個小箱子就裝完各式物品，至於衣櫃裡僅剩的二十九件衣物，全部塞進同一個行李箱就搞定了。這次，我很高興要用這些箱子搬家，因為我很清楚每個箱子裡有什麼，不再是汗流浹背搬運一大堆家當，卻搞不懂自己哪來這麼多東西。自從丟掉和捐出那一堆東西後，我只留下真正的需求，真實的自我，所剩不多，但是恰恰好。

已經夠了，我擁有一切所需。

人生更加完滿。

後記

消費限制實驗期滿後，算了一下，在這一年裡我每月只用收入的51％應付日常開銷，存款佔31％，最後18％作為旅遊預算。我成功證明自己可以減少支出，增加存款，多從事喜歡的事情，在整個過程中收穫良多。結束之後，我大可以慶祝自己的成功，畢竟真的成功了，然後沒事一般，繼續過日子，可是我選擇寫下一篇文章，隔天（三十歲生日當天）就發布在部落格上，宣布從這一天開始，我要繼續這樣的生活，再維持一年。

進行第二年的不消費生活前，除了維持原來的規則，我再追加一項：記錄我購買和使用的每一樣東西——這是之前沒做到的，有點可惜，這次我一定要試試。當然啦，記下自己用掉幾條牙膏沒什麼好玩的，就像近藤麻理惠在《怦然心動的人生整理魔法》所說的一樣無趣，但我想做的是累積數據資料，說明一個普通的成年女子在一年內，真正需要花錢的項目有哪些，給讀者諸君作參考。我無法預測結果如何，但可以先假定，實際上用到的東西，會比想像中還少，最後也證明這個假設是對的。比方說，根據紀錄，一年內我用掉五條除臭劑、四條牙膏、兩瓶洗髮精和兩罐潤髮乳。**瞭解自己消耗多少物資，並不是什麼驚天動地的事，卻完全打消我囤積浴廁用品的想法，因為根本無此必要。**

除了想進行上述記錄，維持消費限制的另一個原因是想嘗試自給自足。一月份修改規則後，我可以自製居家用品，但家裡的清潔劑和洗衣粉到現在還沒用完，所以沒機會試試手工自製，我也還懶得做蠟燭或打點我的小花園，選擇直接放棄這些東西。可是，既然我搬回維多利亞，代表我希望實踐極簡主義，所以是時候動手嘗試了。我在花園裡種了些植物，很快發現自己沒有園藝天分，不過還是很高興我試過，反正有些人就是只能養活多肉植物和仙人掌嘛。

在清理多餘物資大作戰中，我不斷找出不需要的東西，打包起來拿去樂捐，算起來也減少75％到80％了。常有人問我，丟了以後真的不會後悔嗎？真的不會。說真的，大部分丟掉的東西，我根本不記得是什麼，唯一例外是一個名牌包，在第二年的消費限制時才拿去賣了。每次揹這個包包都很不自在，好像肩膀上掛著什麼奇怪的東西。如果有機會遇到我，你會看到一名衣著樸素的女子，總是穿一樣的黑色內搭褲和法蘭絨襯衫，我不愛用名牌，以前之所以留著那個包包，只是認為「專業人士凱特」應該要揹著它，現在我已認清迷思，就不必留了。不消費的第二年結束之際，我把那個包包賣了，換來一個容量整整六公升的新背包，打算登山過夜時使用，這就不是什麼讓人尷尬的東西了，揹在我身上一點也不奇怪。

我過著節約度日的生活，但一說到旅遊可是一點也不吝嗇。在第二輪消費限制實驗時，我去了很多地方，後來還獨自進行了一趟為時七週的環美之旅。如今我不受工作束縛，金錢上也有餘裕做比較「厲害」的事情，比如搬到國外住幾個月，在異地工作與生活，我頭一個想到的就是先好好探索北美洲。人往往把身邊的環境視為理所當然，缺乏理解與欣賞，而我希望好好認識我住的這塊土地，真的很慶幸能住在這麼美的地方。

完成第二年的消費限制後，我決定結束實驗，因為消費限制的精神早已變成一種生活習慣，自然不必再刻意遵守規則。之前我曾詳細記錄家中各種物品的種類和數目，老實說我未曾再行清點，但也不再亂花錢，只有需要的東西才買，任何優惠或大拍賣都動搖不了我。什麼？不撿便宜？你可能會認為，既然我沒有把握特價機會，一定花更多錢買東西吧！但事實是支出變少了，因為錢都花在刀口上，何必靠特價來省錢，每次購物都經過三思，絕不讓衝動左右我的決定。從那次黑色星期五，為了特價而衝動購買閱讀器之後，我再也沒有重蹈覆轍過，就連舊的那台也束之高閣，可見這方面我沒有太大需求。現在，我有時會買幾本書，但前提一定是我有把握會拿出來看，而且看完之後，會送朋友或捐給圖書館，免得家裡又堆出一座書山。

至於我的家人，他們也都過得很好。我們還在摸索新的相處模式，說真的我也不知道以後會怎麼樣，不過一切都很好。我不知道下一步會走到哪，不知道以後從事什麼工作，賺多少錢，或有機會到哪邊旅行，未來總是無法預測，甚至到這本書真的要出版了，我才意識到自己寫了書。唯一確定的是，我很滿意我的人生，滿意自己已經戒酒五年，有自信不會重回酗酒老路，不論遭遇何種困境，都不會再依賴酒精麻痺自己。

如今，我可以坦然地說，我已從盲目的消費者蛻變為理智的消費者。要是有什麼事物讓我覺得沒意義或沒價值，我會不斷測驗自己能否減少依賴，例如一個月不碰社群媒體，或一個月完全不看電視。禁止接觸某事某物也好，消費限制也好，總有人懷疑，這樣做不會太綁手綁腳？擔心是正常的，我還是老話一句：請記得，**你所做的一切都為了放慢了步調，讓你有機會問問自己真正想要的是什麼，告別衝動行事的自己**。就是這樣，很簡單，這就是所謂的「理性」消費者。

經過這些年的經驗，我逐漸明白，**不論沉迷任何事物，起因都是以為自己身上或生活中缺乏那樣東西，但狂歡似的吃喝或忘情血拚都不能解決問題**。我很清楚這點，因為我曾親身經歷那種缺乏感，也證實放縱的方式完全行不通。真正該做的，是回歸簡約，擺脫多餘的事物，找出真正可行的方式，絕不要陷入慾望無窮的惡性循環，若不斷增加消費，卻總是有滿足不完的需求，只會越陷越深。

多不如少。答案很簡單：過得簡單，即是富足。

不消費實驗：入門指南

嗨，書本前的朋友：

讀完故事後，如果你也想試試不消費實驗，那真是太好了！期待你的成果！這項挑戰不容易，但是一旦堅持到終點，感覺會煥然一新，徹底改變花錢習慣，並確認你最重視的事物。

我也必須提醒你，想嘗試消費限制和真正成功，是完全不同的兩件事。別忘了為突發狀況做好萬全準備，記得設定自己的目標和規則，也要顧及對身邊親友的影響。**經過這次挑戰，你會看見隱藏在物質慾望背後，那個真正的自我**。假如能堅持一段時間，我想你一定超乎自己的預期，比想像中更懂得善用手邊資源。

祝福實驗諸事順利，最好別發生任何意外讓你退縮不前，或者走回揮霍的老路，更希望你不會產生放棄的念頭。期待你能克服每個難關，堅持下去，發覺自己其實很有創意，總是可以想出好辦法，不必用錢解決問題。同時，你可以設定財務目標，比如減少支出、增加存款、為特定目的存錢，如果單純想成為理性的消費者，那也很好。在此，我希望提供一些建議，幫助你上手，並且能持之以恆，達成終極目標。

開始之前，請先花點時間想清楚：為什麼要嘗試不消費實驗？如果一開始想不到，可以先釐清自己目前的狀態，找出人生的旅程走到哪個階段了，然後問自己這些問題：你現在真正想要的是什麼？你希望根治哪些問題？你希望成為什麼樣的人？為什麼？

在完成自己的實驗之前，但願你的生活方式已達到初始目標，符合你的價值觀，並且預算控制得宜。若一切都上了軌道，內心也會更平靜，更懂得欣賞人生，也對擁有的一切心存感激。

祝你好運！

1. 和家中的多餘物品說再見

不論你想進行為時多長的不消費生活，我都建議先好好整理居家環境，丟掉生活中根本用不上的東西——別只是收納整理，請務必分析情況，捫心自問，真正想留下的有哪些？除此之外，就全部送出家門吧！我知道，這聽起來有點矛盾，既然有一段時間都不能買東西，那還大丟特丟，不就什麼都沒有了？我得說，先清理有個好處，就是能好好認清從前到底浪費了多少錢，剛好可以激勵自己進行消費限制，而且親自動手整理，可以留下印象，牢牢記住自己的物質生活有多富足。

2. 製作物品清冊

把物品收納在衣櫃、抽屜和箱子裡，很容易忘了自己有多少東西，所以如果要清理多餘物資，我建議清點並記錄你擁有的大部分物品。我自己連幾枝筆都記得清清楚楚，當然你大可不必如此鉅細靡遺，只需要走進每個房間，寫下裡面數量最多的五種東西。比如，浴室裡可能有很多罐洗髮精、潤髮乳、乳液、牙膏和除臭劑，那就數一數數量，然後記下有多少「庫存」。開始消費限制後，可能就不方便買這些東西了，至少得等到全部用完了才能再買，不妨先好好瞭解一下現況吧！

3. 列出三種清單

完成上述兩個任務後，你可能會發現：原來家裡有很多東西已經夠用，不必再買，同時有些東西也是消費限制期間仍然需要的。這時，就可以寫出三種不同的清單來執行。

- **必需品：**只要用完了就能添購。要列出這份清單，最簡單的方法就是在家裡逛一圈，看看各個空間裡，每天都會用到的東西有哪些。就我來說，最常用的是食品雜貨和衛浴用品，為求方便，我也把送別人的禮物列在這一類。
- **非必需品：**在消費限制期間，歸在這一類的東西都不能購買。拿我來說，就是些有娛樂性，但非日常必須的項目，包含書籍、雜誌和蠟燭。

如果你的物品清冊已列出這一類，可以加上數量作為參考。

- **可購買項目：**消費限制期間，這屬於可購買的特定類別。在清理多餘物資與記錄物品數量的同時，可以想想，在不消費的這段期間，可能會發生什麼事，然後視情況增加這一類的項目。

發現了嗎？我沒有把「體驗」的花費列在這一類，比如上館子或度假，我允許自己花這些錢。當然，你可以把這些項目列在任何一類，隨你高興。我自己把外帶咖啡列在「非必需品」，因為我不想繼續在這方面揮霍，不過我也允許自己偶爾到餐廳吃飯，不想連這都不能做。總之，請別忘了，別人的做法不必照單全收，你大可以放手訂定屬於自己的規則。

4. 舉凡商店或優惠券電子報，一律取消訂閱

好，現在你列出三張清單了，已經決定出哪些項目允許或禁止購買，接著就來盡可能消除購物誘因吧——讓我們從信箱開始，只要店家或服務商寄來電

子報，一律取消訂閱。如果願意更進一步，就別在社群媒體上繼續追蹤愛店了，要做得更絕的話，可以刪掉所有「某天」想去買的項目標籤。親愛的，眼不見為淨才是上策。

5.設定消費限制的存款帳戶

不論終極目標為何，只要不購物，必定能省錢。省下來的錢要拿去做什麼都是個人自由，但我建議去開個新的存款帳戶，或把平常少用的帳戶重新命名，設為消費限制期間的專屬帳戶。每月存入金額完全隨意，我個人通常會存一百元進去，因為戒掉外帶咖啡以後，每個月至少能省下這些錢。你可以把每次克制衝動後所省下的金額移轉進去，也可以把變賣多餘物資的所得存進帳戶，兩者都不失為可考慮的好選擇。

若是需要提醒自己別亂花錢，可以在錢包裡的每張簽帳卡和信用卡附近貼上一小張便條，寫上「真的有需要這個？」或「這屬於可購買項目嗎？」之類的話來提醒自己，提醒自己正在消費限制期間，避免衝動。

6. 公告周知，四處宣傳

首先，請告訴家人、伴侶或者孩子們，特別是與你同住，而且使用相同家庭預算的人。請和他們好好聊過，然後決定究竟是要大家一起參與消費限制，還是先由你以身作則，獨自進行。如果希望大家一起參與，他們也可能反彈，所以千萬別強迫他們。短期內，最重要的目標是力求對方理解你的想法，明白你在一段時間內絕對不買非必需品，因此請好好解釋你的計畫目標，說明消費限制對你和家人有什麼好處，也可以說說你要把省下的錢用在何處，一步步慢慢來。

之後，請告訴其他經常接觸的人，知道的人越多，越能堅持下去，畢竟你不只得對自己信守承諾，也得給這些人一個交代。另外，我也建議你找一個信得過的人，每當有購物衝動時，可以打電話或留言給他們，請他們阻止你亂買東西。

7. 擺脫揮霍習慣，取代為不花錢的方式

很多想嘗試消費限制的人告訴我，他們最擔心的是不知道怎麼適應不揮霍的生活，不知道用什麼方式代替原來亂花錢的習慣，特別是想到會影響別人時，更是裹足不前。比方說，如果你的消費限制包含飲食的部分，就得告訴別人「抱歉，我不能去逛街」或「我不方便在外面吃吃喝喝」，聽起來還真夠掃興。不過，如果你願意建議別人選擇免費或比較省錢的選項，我想你反而會發現，許多人其實很樂意省錢。例如，放棄逛購物中心，也不開車去暢貨中心，改成結伴踏青或散步探索鄰里。如果不上館子吃飯或在店家喝飲料，不如在家辦烤肉派對，或輪流主辦百樂餐，每人帶一道菜來，既節省飲食開銷，樂趣也不打折。

8. 留心揮霍誘因，改變應對方式

所謂謹慎是這樣來的：一旦購物衝動來襲，就算告訴朋友請他們阻止你，也未必每次見效，這時可得停下來，好好想想，現在身邊發生了什麼事？你有

什麼感覺？過了很糟的一天嗎？你現在身在哪裡，又為什麼到那裡去？和誰在一起？你是怎麼說服自己的？以上這些都可能構成購物的誘因，刺激你掏錢買東西，所以發覺問題十分重要，如此才能徹底改變自己的行為模式。要是沒把壞習慣替換成好習慣，就更容易故態復萌，重回老路。每當有誘因向你招手，務必想出應對辦法，千萬別繳械投降，把錢交出來。若成功抵抗一次，往後請繼續使用這個辦法來抵抗誘惑，直到好習慣根深柢固為止。

9. 不再依賴，善用資源

要進行超過三個月的消費限制，大概會有幾次想中途放棄，為了堅持下去，乾脆暫時都不使用某件物品吧！除非真的有必要，否則在三十天內都別碰，然後看看這段時間裡，你有幾次真正想念這東西。如果懷念變得煩人，那就動手改變依賴的對象，或者乾脆戒掉依賴。

如果你在克制自己使用某樣物品，可以試著想出不同方法來修理壞掉的東西，或者動手製造新的，這絕對是意想不到的簡單。假如不能自己修理，可以跟別人借用；不行的話，用租的也行，只求少浪費，多分享——和別人分享的事物越多，製造的垃圾量也越少，省錢又環保。

10. 珍惜所有

最後，隨著時間過去，你將漸漸對生活中擁有的一切心存感激。從衣櫃裡的衣物，到廚房裡的用具，每一件東西都會提醒你，你已花錢買來一切所需，所以不必再執著於物質需求。人際關係也好，親友的健康快樂也好，這才是最最重要的。想過愉快的一天，那就到戶外走走吧，別靠消費來滿足自己。分享我的經驗：不消費實驗成功與否，端看你對自己說了什麼話。假若你認為這件事「爛斃了」，最後大概會回到紙醉金迷的生活；但如果告訴自己：「這東西好極了，可是我不需要。」然後，能夠選擇珍惜已擁有的一切。我相信一旦你決定不再追求不必要的東西，便再也不會回頭。

＊＊＊

要是真的得買東西

儘管我已經寫了一整本書，敘述了我不消費的一年，還是得告訴大家，總是有些時候，真的非買某件東西不可，偏偏又不在可購買的範圍內。這時，請依照本章末尾的流程圖，問問自己那些問題，再做決定吧。

請注意：其實，沒必要總是買最好的東西。比方說給孩子買衣服，但他們都還小，那麼可以去找二手貨，或者接受恩典牌，反正孩子長得快，一批衣服也穿不了多久。反過來，如果是真的很常用的東西，就別貪小便宜。拿我來說，我曾貪圖快時尚的便宜，買了不少衣服，卻總是撐不到幾個月就不堪穿，反而得再花錢買新衣服，根本沒省到錢。

進行消費限制後，在每一天結束時，請務必再想想這件事：**消費限制成功與否，都取決於你對自己解讀的方式**。如果認為這很困難，很難辦到，就更容易半途而廢，回頭開心大肆採購去，但如果你能珍惜已經擁有的事物，好好使用買來的東西，那麼消費限制的成果，可能改變你的一生。我自己的不消費實驗搭配了大規模的物資清理，結果明白了我真正在乎的事物有哪些，也發覺那是用錢也買不到的。我在此衷心希望，在你的消費限制結束後，你也會有相同的理解與體悟。

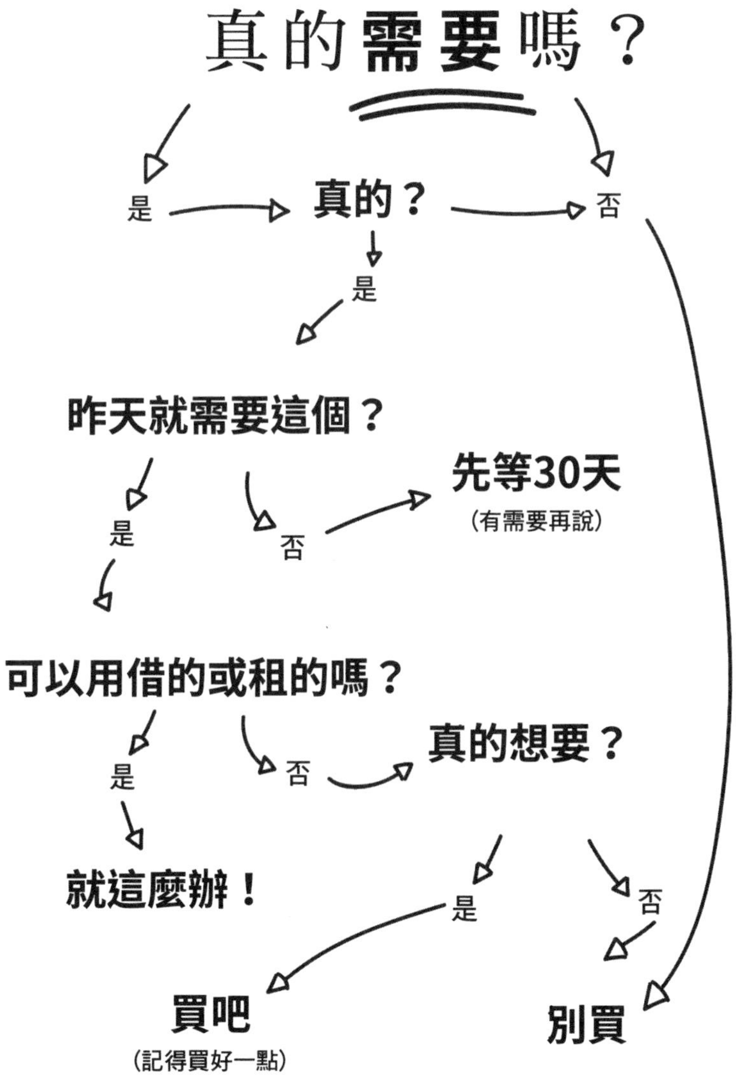
真的需要嗎？
是
真的？
否
是
昨天就需要這個？
是
否
先等30天
(有需要再說)
可以用借的或租的嗎？
是
否
真的想要？
就這麼辦！
是
否
買吧
(記得買好一點)
別買

參考資源

在本書中，我提過一些幫助我度過不消費期間的資源，在此列出來給讀者作參考，另加上一些我也很喜歡的文章、影片和應用程式。等你開始消費限制之後，希望這些資源會派上用場。

線上雜誌

- Mindful: mindful.org

TEDxTalks

- 《一切只需要十分鐘的專注》（"All It Takes Is 10 Mindful Minutes" with Andy Puddicombe）：ted.com/talks/andy_puddicombe_all_it_takes_is_10_mindful_minutes

中文字幕：https://www.ted.com/talks/andy_puddicombe_all_it_takes_is_10_mindful_minutes?language=zh-tw

- 《聆聽羞辱感》（"Listening to Shame" with Brené Brown）：ted.com/talks/brene_brown_listening_to_shame

  中文字幕：https://www.ted.com/talks/brene_brown_listening_to_shame?language=zh-tw

冥想專用應用程式

- Calm: calm.com
- Headspace: headspace.com

其他應用程式

- Cladwell（可用來記錄你的衣服有多少會拿出來穿）：cladwell.com
- Sortly（記錄物品的種類和數目）：sortlyapp.com

社群支持

盡管善用所有手邊的資源和工具，如果能有所處社群的支持，更是莫大的幫助。我之所以能擺脫債務，又順利完成消費限制實驗，得感謝那些在網路上一路支持我的人，他們不僅能讓我放心依靠，需要時可以向他們求助，他們就會推我一把，或說幾句鼓勵的話。所以，我希望你也能找到自己的加油團。

為了幫助將來想進行相同實驗的人，我建了一個線上社群，歡迎到這裡來分享自己的故事、成功經驗和掙扎過程。大家可以在這裡安心地討論自身經驗、提供建議並鼓舞彼此，我偶爾也會舉辦慶祝活動。太好了！期待大家上門！

你可以到下列網址加入社群，並分享個人故事：

caitflanders.com

在部落格上，我常說：樂於分享，所知增長。希望這本書和我建的社群可以啟發各位，做出更多更理性的決定，不過，別忘了先思考一個問題：你真正想要的是什麼？

愛大家

凱特

致謝

大家應該已經知道我是個擺設狂，喜歡把所有東西都排得整整齊齊，現在，我要非常整齊地列出致謝詞，希望你們不介意！先從本書緣起開始吧。

首先，感謝羅拉把我的故事轉載到《富比士雜誌》，也感謝讀過這些文章，並認可出版價值的各位出版經紀人。聽到可以出書時，我毫無頭緒，不知道該做什麼，幸好有各位一次次說明，終於引領我走到成書這一步，不勝感激。

永遠感謝好友克里斯介紹他的經紀人給我，結果也成了我的經紀人。也謝謝路欣達的幫忙，你總是告訴我實話，沒有你就沒有這本書。

如今，真無法想像在Hay House以外的出版社分享個人故事，這裡真的像家一樣，很高興能成為一份子。佩提，謝謝你告訴我，說我能把原先草擬的綱要分毫不差地寫出來，你的稱讚讓我很受用。還有安，在我質疑自己的語文底子時，謝謝你讓我相信自己是個好作家，很感激你讚賞我的寫作風格，還幫助我在字裡行間更深入分享內心的想法。

我堅信，沒有人能「全部包辦」，至少不可能單打獨鬥搞定一切。在我全心寫作本書時，不得不暫時擱下另外兩個專案。多虧業務上的好夥伴凱利和傑，我才能專心寫書，感謝你們一路相挺，保留彈性又願意支持我。很榮幸和你們共事，希望我在工作上也同樣有貢獻，至少能抵得上你們的一半。

編輯第一次問我要不要寫致謝詞時，說真的，我不確定還有什麼能說的，因為這本書已經像是封給家人的情書，對於在不消費期間，所有曾鼎力相助的朋友，書中也表達了我的感激，我愛大家。另外，我還想特別感謝一些人，容我在此一一致意。

茱莉，你真是我生活中和工作上的好夥伴，很高興有你陪我嘗試新想法。我們之間已寫下成千上百的友誼小語，但現在我要用一句話總結：因為有你，我才能放心做自己。謝謝你陪我一起吃早餐、喝咖啡和奶昔，每次都是愉快時光。

帕斯卡，你是我的戶外冒險最佳搭檔，感謝你啟發我，讓我喜歡走出戶外。野外是我最自在的地方，也很高興能和你分享這方面的感想，不知道之後會一起累積什麼樣的「冒險星期二」體驗，老了之後再來回顧？簡直等不及了！

艾莉莎，感謝你擁抱受傷的我，陪伴我，不讓我覺得孤獨無助。說到作伴，我知道親愛的陶比、莫利和雷希現在也緊密相依，真是太好了。

在此，也得謝謝夏儂的激勵，讓我成為更好的作家，謝謝亞曼達和我一起慶祝這本書的每個進度里程碑，還有瑪西，感謝你率先肯定我有寫書的能耐。

當然，沒有部落格社群的朋友，我不會走到這一步，沒有曾經讀過我文章的各位，我做不到這些，你們真的是很棒的讀者。不知道用什麼語彙才能描述我的感想和感激，所以就說這一句吧：謝謝你們所做的一切！

最後，儘管這本書表達了對上述各位的溫情，還是得特別感謝我的家人，謝謝你們總是相信我。謝謝你們培養我對閱讀的熱愛，鼓勵我寫作，提出寫書的想法，並設想我成為作家的情景。我沒料到這些都會成真，反而是你們願意肯定我，早我一步看見這些可能。很慶幸我們成為這麼親密的一家人。沒有這個家，我將無所適從。

也謝謝艾瑪，你也是我的家人，愛你。

不消費的一年

戰勝衝動購物，存款、人生大翻身的小資女重生記

國家圖書館出版品預行編目 (CIP) 資料

不消費的一年：戰勝衝動購物，存款、人生大翻身的小資女重生記 / 凱特．弗蘭德斯 (Cait Flanders) 著；楊璧謙譯．-- 二版．-- 臺北市：遠流出版事業股份有限公司，2023.01
面； 公分
譯自：The year of less.
ISBN 978-957-32-9904-2(平裝)

1.CST: 自我實現 2.CST: 決策管理 3.CST: 生活指導

177.2 111019494

作　　者｜凱特．弗蘭德斯（Cait Flanders）
譯　　者｜楊璧謙
總 編 輯｜盧春旭
執行編輯｜黃婉華
行銷企劃｜鍾湘晴
美術設計｜王瓊瑤

發 行 人｜王榮文
出版發行｜遠流出版事業股份有限公司
地　　址｜台北市中山北路 1 段 11 號 13 樓
客服電話｜02-2571-0297
傳　　真｜02-2571-0197
郵　　撥｜0189456-1
著作權顧問｜蕭雄淋律師
ISBN｜978-957-32-9904-2

2018 年 10 月 1 日初版一刷
2023 年 1 月 1 日二版一刷
2023 年 6 月 8 日二版三刷
定　　價｜新台幣 370 元
（如有缺頁或破損，請寄回更換）

YLib 遠流博識網
http://www.ylib.com
Email: ylib@ylib.com